新能源汽车动力电池及管理系统检测与维修

主　编　赖慧豪　杨　康　廖伟林
副主编　胡伟衔　刘潘峰
参　编　涂允忠　何子永　孙志国
　　　　王国斌　吴新强

北京理工大学出版社
BEIJING INSTITUTE OF TECHNOLOGY PRESS

内 容 简 介

本书共包含 3 个项目，分别为充电系统的检修、动力电池的一般检测与保养和动力电池的检修。本书以学生为中心、以职业能力为本位、以学习成果为导向，让学生在教师指导下经历完整的工作过程、体验沉浸式学习环境，并在交互体验的过程中建构专业知识、训练专业技能，从而促进自主学习能力的提升。每一个任务均以任务引入、任务分析、知识储备、任务实施、任务评价、任务拓展等模块串联，帮助学生在动手操作和了解行业发展的过程中领会团结合作的重要性，培养其执着专注、精益求精、一丝不苟、追求卓越的工匠精神。

本书可作为新能源汽车运用与维修等专业的教材，也可供从事本专业工作的工程技术人员参考。

图书在版编目（CIP）数据

新能源汽车动力电池及管理系统检测与维修 / 赖慧豪，杨康，廖伟林主编 . -- 北京 : 北京理工大学出版社，2023.12

ISBN 978-7-5763-3297-1

Ⅰ.①新… Ⅱ.①赖… ②杨… ③廖… Ⅲ.①新能源 - 汽车 - 蓄电池 - 检修 Ⅳ.①U469.720.7

中国国家版本馆 CIP 数据核字（2023）第 239899 号

责任编辑: 封 雪		**文案编辑:** 封 雪	
责任校对: 周瑞红		**责任印制:** 施胜娟	

出版发行 / 北京理工大学出版社有限责任公司

社　　址 / 北京市丰台区四合庄路 6 号

邮　　编 / 100070

电　　话 /（010）68914026（教材售后服务热线）
　　　　　（010）63726648（课件资源服务热线）

网　　址 / http://www.bitpress.com.cn

版 印 次 / 2023 年 12 月第 1 版第 1 次印刷

印　　刷 / 定州市新华印刷有限公司

开　　本 / 889 mm × 1194 mm　1/16

印　　张 / 9.5

字　　数 / 189 千字

定　　价 / 85.00 元

党的二十大报告提出："推动战略性新兴产业融合集群发展，构建新一代信息技术、人工智能、生物技术、新能源、新材料、高端装备、绿色环保等一批新的增长引擎。"

随着全球能源结构的转变，新能源汽车已经成为现代交通领域的重要组成部分。新能源汽车具有节能、减排、环保等优点，它的广泛应用对于推动全球能源结构优化，实现经济社会可持续发展具有重大意义。而在新能源汽车的核心技术中，动力电池及管理系统是关键。因此，对新能源汽车动力电池及管理系统的检测与维修进行深入的探讨和研究，对新能源汽车行业的健康发展至关重要。

本书旨在全面介绍新能源汽车动力电池及管理系统的基本概念、组成结构、工作原理及相关检测与维修技术。全书共包含三大项目，11个子任务，介绍了新能源汽车高压防护的基础知识及充电系统的故障检修方法；详细阐述了动力电池的一般检测与保养，包括拆装、性能检查、电池单体各项一般检测等，接着对新能源汽车动力电池的管理系统与动力电池组进行了全面介绍，包括电池管理系统的组成和功用、工作原理、主要功能及关键技术，动力电池的结构与原理、标识与含义等；重点探讨了新能源汽车动力电池及管理系统的检测与维修技术，包括电池管理器的检查与更换、常见故障的检修方法、热管理系统的故障检修方法、动力电池组的拆卸与密封、动力电池模组及相关元器件的更换方法等。

本书具有理论联系实际、可操作性强等特点，可作为新能源汽车相关专业的教学用书，也可供从事新能源汽车研发、制造、维修等工作的技术人员参考使用。通过本书的学习，读者可以全面掌握新能源汽车动力电池及管理系统的基本理论和实践技能，为从事相关领域的工作打下坚实的基础。本书配套开发了教学设计、教学课件、教学视频等信息化资源。同时配有二维码等教材配套数字资源，可扫书中的二维码获取更多相关学习资源。

本书由东莞理工学校赖慧豪、杨康、廖伟林担任主编，东莞理工学校胡伟衔、刘潘峰担任副主编，东莞理工学校涂允忠、何子永、孙志国、王国斌担任参编。

在编写本书的过程中，我们得到了许多同行和专家的大力支持与帮助，在此表示衷心的感谢。同时，本书也引用了大量的参考文献和资料，在此向相关作者表示诚挚的谢意。由于编者水平有限，书中难免存在不足之处，敬请广大读者批评指正。

编　者

目录

项目一

充电系统的检修

情景导入 →

　　一辆 2018 款吉利帝豪 EV450 电动汽车插交流充电枪无法充电，直流快充充电功能正常，车主来到 4S 店进行维修。作为 4S 店的维修技师，你应该如何分析车辆故障原因？接到这个任务后应该如何对该车辆进行检测与维修呢？

缓解"里程焦虑"
交通运输部：加快推进公路沿线新能源汽车充电设备建设

　　截至 2023 年 6 月底，我国已有 5 931 个高速公路服务区，占高速公路服务区总数（6 628 个）的 89.48%，累计建成充电桩数量 1.859 万个，覆盖 2.9 万个小型客车停车位，并有约 2.7 万个停车位预留了建设安装条件，也就是说，近九成高速服务区覆盖充电设施。其中，北京、河北、辽宁等 17 个省市高速公路充电基础设施覆盖率超过了 90%。全国已有 5 128 个高速公路服务区充电车位占小客车总停车位的比例超 10%，高速公路服务区充电基础设施网络日益完善。从 2023 年春节、清明、五一、端午等重大节假日运行保障情况看，各地服务区充电排队现象明显改善，未出现严重排队现象，电动汽车出行"里程焦虑"的问题得到有效缓解。

　　做好电动汽车充电服务是一项系统工程，需要充分调动各方面力量，全方位加强居住社区、企事业单位、旅游景点、公共停车场等各环节、多场景的充电基础设施建设，在全社会形成布局合理、科学高效的充电基础设施体系，满足车辆出行全过程的充电服务需求。下一步，交通运输部将深入贯彻落实党中央、国务院关于充电基础设施建设的最新部署要求，坚持问题导向、目标导向，以高速公路服务区充电设施为重点，按照"适度超前"的原则，进一步优化完善公路沿线充电基础设施网络，努力形成"固定设施为主体，移动设施为补充，重要节点全覆盖，运行维护服务好，群众出行有保障"的充电基础设施网络，有效满足电动汽车充电需求，服务公众便捷出行，助力电动汽车产业高质量发展。

—— 节选自央视新闻客户端（2023.08.01），有删减

项目目标 →

1. 素养目标

（1）操作过程注重故障分析中的信息采集、数据分析能力。

（2）操作过程中，严格遵守安全操作流程，树立规范意识、安全意识、质量意识。

（3）热爱所学专业、乐观向上，具有自我管理能力，有较强的集体意识和团队合作精神。

2. 知识目标

（1）掌握交流充电系统组成、原理及检修方法。

（2）掌握直流充电系统组成、原理及检修方法。

3. 技能目标

（1）能正确识别交直流充电系统相关部件。

（2）能使用交直流充电系统对新能源汽车进行充电。

（3）能对新能源汽车交流充电系统进行故障检修。

（4）能对新能源汽车直流充电系统进行故障检修。

项目分析 →

充电系统是电动汽车和插电式混合动力汽车主要的能源供给系统，为保障车辆持续行驶提供动力能源。充电系统的作用是根据动力电池的实时状态控制启动充电和停止充电，并根据动力电池的电量、温度，控制充电电流。

电动汽车有两种充电方式：交流充电和直流充电。交流充电主要是通过交流充电桩、壁挂式充电盒及家用供电插座接入交流充电口，通过高压电控总成将交流电转换为直流高压电给动力电池充电。直流充电主要是通过充电站的充电柜将直流高压电直接通过直流充电口给动力电池充电。

充电系统发生故障会直接影响动力电池电能补给，从而影响电动汽车的正常使用。

任务一　认识高压防护及检测工具

✏ 任务引入

　　随着新能源汽车的快速发展，越来越多新能源汽车走进千家万户。新能源汽车主要动力系统需要高压电池组提供能量，那么你知道进行高压检测时需要使用哪些检测工具吗？应该如何做好高压防护呢？

✏ 任务分析

　　新能源汽车的动力电池及相关部件具有高电压，直接接触会对人体造成伤害。研发、生产、售后技术人员需要正确认识高电压风险，学习并做好高电压工作区域的防护，杜绝高电压伤害。在保养、维修时，操作人员要做好自身安全防护，使用专业的绝缘拆装工具及检测设备，并严格按照操作流程，规范操作。

✏ 知识储备

新能源汽车高压安全与防护

一、高压防护的认知

1. 电对人体构成的伤害

　　（1）人体直接接收电流能量遭到电击。

　　（2）电能转换为热能作用于人体，致使人体受到烧伤或灼伤。

　　（3）人在电磁场的照射下，吸收电磁场的能量也会受到伤害。

　　与其他伤害不同，电流对人体的伤害没有任何预兆，往往发生在瞬息之间。人体一旦遭受电击，防卫能力迅速降低。这就增加了电流伤害的危险性。

2. 电气事故

　　由于电气原因而造成的人身伤亡和设备损坏事故，称为电气事故，包括人身事故和设备事故。人身事故包括电流伤害、电磁伤害、静电伤害、雷电伤害和电气设备故障造成的人身伤害等。设备事故包括短路、漏电和操作事故等。

3. 产生电气事故的原因

人身事故和设备事故大多数是由违反安全操作规程或安全技术规程造成的。

1）违章操作

违章操作是引起电气事故的主要原因，如纯电动汽车维修时未拆除维修开关；用水冲洗或用湿布擦拭电气设备；违章救护触电者，造成救护者一起触电；对有高压电容的线路进行检修时未进行放电处理导致触电。

2）施工不规范

施工不规范也会引起电气事故，如维修中未用绝缘乙烯胶带包裹断开的高压线路插接器；误将喷水软管和高压清洗装置直接对准高压部件；随意加大熔丝的规格，失去短路保护作用，导致电器损坏。

3）产品质量不合格

使用了不合格的电气产品也可能导致电气事故，如电气设备缺少保护设施造成设备在正常情况下损坏和人员触电；当带电作业时，使用不合格的工具或绝缘设施造成维修人员触电；产品使用劣质材料，使绝缘等级、抗老化能力降低，造成触电。

4. 人体安全电压

通常人体接触到 30 V 以上的交流电，或 60 V 以上的直流电时，就可能发生触电事故。触电时，让人体受伤的是电流而不是电压，其原理是高的电压通过人体这个电阻后，会在人体中形成电流，导致伤害。

与电网中所认为的 36 V 是人体安全电压不同，在新能源汽车维修作业中，这个电压值并不科学。这是因为存在个体差异（如图1-1所示）和环境差异。目前国际上通行的认识是直流 60 V 以下、交流 30 V 以下为安全电压。

触电的前提是人体与接触的电源之间形成了回路，有电流流经人体。在实际工作中，应该避免自己与电源系统形成回路。人体之所以导电，主要的原因是血液中含有电解液，而人体的皮

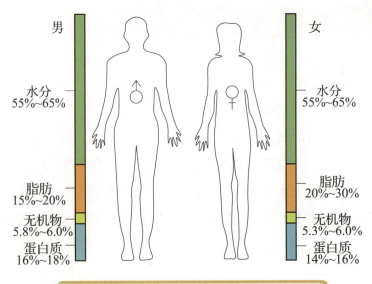

图1-1 人体电阻的差异性

肤、肌肉也具有一定的导电能力。大多数人身体的总电阻值是很低的，特别是有主动脉的部位（胸腔部位和躯干）电阻值更低，而最大的危险体现在电流通过时产生的刺激和异常颤动。

影响人体电阻的因素有很多，通常流经人体电流的大小无法事先计算出来。因此，为确定安全条件，往往不采用安全电流，而是采用安全电压来估算。根据 GB 4943—2022《音视频、信息技术和通信技术设备　第 1 部分: 安全要求》(等效于 EN 60950 或 IEC 60950) 规定: 在干燥的条件下，相当于人一只手大小的接触面积上，交流峰值电压不高于 42.4 V 或直流电压不高于 60 V 的稳态电压视为不具危险的电压，即安全电压。

危险电压: >AC 42.4 V 或 DC 60 V; 安全电压: ≤ AC 42.4 V 或 DC 60 V。

人体电阻是不确定的，皮肤干燥时一般为几千欧姆左右，而潮湿时可降到 1 kΩ（冬季及皮肤干燥时，人体电阻可达 1.5~7 kΩ；当皮肤裂开或破损时，电阻可降至 300~500 Ω）。不同人体对电流的敏感程度也不一样。一般来说，儿童较成年人敏感，女性较男性敏感；患有心脏病者，触电后的死亡可能性更大；身体越强健，受电流伤害的程度越轻。因此，触电时女性比男性受伤害更重，儿童比成人更危险，患病的人比健康的人遭受电击的危险性更大。

5. 直流与交流触电对人体的伤害

相同电压下，交流电对人体伤害的程度比直流的大。交流电的频率越低危险性越高。交流电会触发心室和肌肉组织颤动，若不及时抢救很快就会致命。

6. 电击

电流通过人体，破坏心脏、肺及神经系统的正常功能。电流对人体的伤害程度与很多因素都有关，如个体的体质、心情、电流的大小和持续时间等。人体通过大约 0.6 mA 的电流就会产生麻刺的感觉，通过 50 mA 的电流就会有生命危险。流过人体的电流与人体的反应见表 1-1。

表 1-1　流过人体的电流与人体的反应

流过人体的电流 /mA	人体的反应
0.6~1.5	手指开始发麻
2~3	手指强烈发麻
5~7	手指肌肉痉挛，手指灼热和刺痛
8~10	手指关节与手掌痛，手已难以脱离电源
20~25	手指剧痛，迅速麻痹，不能摆脱电源，呼吸困难
50~80	呼吸麻痹，心房开始震颤、强烈灼痛，呼吸困难
90~100	呼吸麻痹，持续 3 s 或更长时间后，心脏麻痹或心房停止跳动

电流通过头部可使人昏迷；通过脊髓可导致瘫痪；通过心脏会造成心跳停止，血液循环中断；通过呼吸系统会造成窒息。因此，从左手到胸部，由于电流途经心脏而且路径最短，

是最危险的电流路径，从手到手、从手到脚也是很危险的电流路径，如图 1-2 所示。从脚到脚是危险性较小的电流路径。

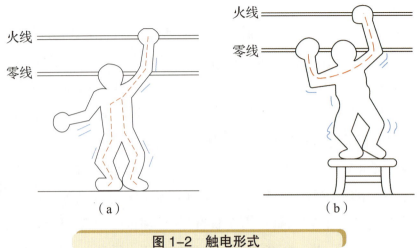

图 1-2　触电形式
（a）单线触电；（b）双线触电

当电流由一手进入，从另一手或一脚流出时，电流通过心脏，会立即引起心室颤动；通过左手触电比通过右手触电更严重，因为这时心脏、肺部、脊髓等重要器官都处于电路内。触电后还会因肌肉剧烈痉挛而摔倒，导致电流通过全身并造成摔伤、坠落等二次伤害。

电击是电流对人体内部组织的伤害，是最危险的一种伤害，绝大多数的触电死亡事故都是由电击造成的。电击伤害主要有以下类型。

1）电击效应

当电流低于导通限值时，会有相应的电击反应，容易因肢体不受控制和失去平衡而受伤。

2）热效应

电流导入导出点处会发生烧伤和焦化，也会发生内部烧伤，会造成肾脏负荷过大，甚至危及生命。

3）化学效应

血液和细胞液属于电解液，在电击作用下被电解，会产生严重的中毒反应。而有些中毒情况在几天后才能被发现，对人体伤害极大。

4）肌肉刺激效应

所有的身体功能和人体肌肉运动都是由大脑通过神经系统来控制的。如果通过人体的电流过高，肌肉就会抽搐，大脑再也无法控制肌肉组织。例如，握紧的拳头再也无法打开或者移动。如果电流经过了胸腔，肺会痉挛（呼吸停止），心脏搏动节律会中断（心室纤维性颤动，心脏无法收缩和扩张）。

5）静态短路的热效应

静态短路会使工具急剧发热，导致材料熔化，引起烧伤。

6）短路引起的火花

短路会使金属很快熔化，产生飞溅的火花，飞溅出来的金属颗粒温度极高，落在人体上引起烧伤，火花产生的高亮会对眼睛产生严重伤害。

7）弧光

带电高压线路接通和断开时所产生的弧光可能造成电光性眼炎。

7. 电伤

电流的热效应、化学效应和机械效应对人体局部的伤害主要指电弧烧伤、熔化金属溅出烫伤等。

8. 电磁场伤害

在高频磁场的作用下，会出现头晕、乏力、记忆力减退、失眠和多梦等神经系统的症状。

9. 人体触电

触电的前提是人体与接触的电源形成回路。人体触电有直接触电（单线触电、双线触电）和间接触电（跨步电压触电、其他触电形式，如图1-3所示）两种方式。直接触电是指人体直接接触或过分靠近电气设备及线路的带电导体而发生的触电现象。间接触电是指人体触及了在正常运行时不带电，在意外情况下带电的金属部分。其他触电形式还有感应电压触电、剩余电荷触电、静电触电和雷电电击等。

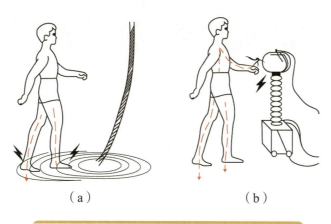

（a）　　　　　　　　　　（b）

图1-3　间接触电
（a）跨步电压触电；（b）其他触电形式

1）单线触电

单线触电是人体某一部分触及一相电源或接触到漏电的电气设备，电流通过人体流入大地造成触电。

2）双线触电

双线触电也称为相间触电，是指人体在与大地绝缘的情况下，同时接触到两根不同的相线，或者人体同时触及电气设备的两个不同相的带电部位，电流由一根相线经过人体到另一根相线，形成闭合回路，其危险性更大。

3）跨步电压触电

跨步电压触电是指高压电网搭铁点或防雷搭铁点及高压相线断落或绝缘损坏处，有电流流入地下时，强大的电流在接地点周围的土壤中产生电压降，人受到跨步电压而触电。如果误入接地点附近，应双脚并拢跳出或单脚跳出危险区。

4）其他触电形式触电

当电气设备内部绝缘损坏而与外壳接触时，可使其外壳带电。当人体触及带电设备的外壳时，相当于单线触电。大多数触电事故属于这一种。

二、安全防护装备

绝缘工具与防护套装的检查

1. 绝缘手套

GB/T 17622—2008《带电作业用绝缘手套》中规定，按其使用方法，带电作业的绝缘手套分为常规型绝缘手套和复合型绝缘手套。常规型绝缘手套自身不具备机械保护性能，一般要配合机械防护手套（如皮质手套等）使用；复合型绝缘手套是自身具备机械保护性能的绝缘手套，可以不配合机械防护手套使用。绝缘手套的等级和性能见表1-2（在三相系统中，电压指的是线电压）和表1-3。

表 1-2　不同电压等级的绝缘手套

级　别	AC/V
0	380
1	3 000
2	10 000
3	20 000
4	35 000

表 1-3　特殊性能绝缘手套类型

型　号	特殊性能
A	耐酸
H	耐油
Z	耐臭氧
R	耐酸、油和臭氧
C	耐低温

在动力电池维修工作中使用的绝缘手套需要具备两种性能：一是在进行任何有关高电压部件或线路的操作时，能够承受 1 000 V 以上的工作电压；二是具备耐酸、碱性，当工作中接触到来自高压动力电池组的氢氧化物等化学物质时，能防止这些物质对人体的伤害。

绝缘手套需要定期检验，在每次使用前还必须自行检查是否有泄漏。检查的方法是，向手套内吹入一定的空气，观察手套是否有漏气情况，如图 1-4 所示。

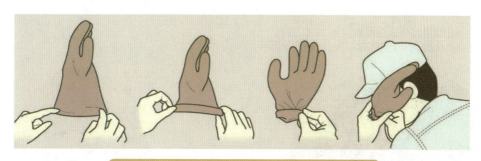

图 1-4　绝缘手套检查

2. 护目镜

护目镜（图 1-5）须具有正面及侧面防护功能，可以防止维修过程中产生的电火花或电池电解液飞溅伤及眼睛。

3. 绝缘安全鞋

如图 1-6 所示，绝缘鞋使人体与地面绝缘，防止电流通过人体与大地之间构成通路，对人体造成电击伤害，降低触电时的危险。绝缘鞋应符合 DL/T 676—2012《带电作用绝缘鞋（靴）通用技术条件》规范。

4. 防静电工作服

维修电动汽车时，必须穿非化纤类材质的防静电工作服，如图 1-7 所示。化纤类材质的工作服会产生静电，引发事故。当发生火灾事故时，化纤服装会在高温环境下粘连人体皮肤，造成二次伤害。

图 1-5　护目镜

图 1-6　绝缘鞋

图 1-7　防静电工作服

5. 安全帽

安全帽可减轻突然飞来的物体对头部造成的打击伤害；防止头部遭遇电击；防止化学和高温液体从头顶浇下造成头部受伤。使用前应检查安全帽的外观是否有裂纹、碰损等，不能随意在安全帽上拆卸或添加附件。安全帽结构如图1-8所示。图1-9所示为安全帽佩戴方法。安全帽按用途分类见表1-4。

一指键式调整
按压滑动调整

帽衬
辅助提高佩戴舒适感
及提高承压能力

帽檐
污水引流
并保护眼部

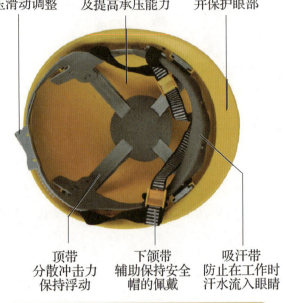

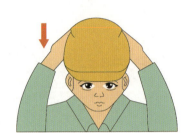

1.正面深戴至帽底部

2.头带调节到适合
大小并固定

3.下颌绳拉紧

顶带
分散冲击力
保持浮动

下颌带
辅助保持安全
帽的佩戴

吸汗带
防止在工作时
汗水流入眼睛

图1-8　安全帽结构

图1-9　安全帽佩戴方法

表1-4　安全帽按用途分类

T类	T1类	T2类	T3类	T4（绝缘）类	T4（低温）类
T类	适用于有火源的作业场所	适用于井下、隧道、地下工程、采伐等作业场所	适用于易燃易爆作业场所	适用于带电作业场所	适用于低温作业场所
Y类	一般作业类				

注：安全帽上标有D标记，表示安全帽具有绝缘性。

三、安全防护装备使用规范

检查绝缘鞋状态，检查绝缘手套耐压等级及密封性，检查护目镜、安全帽外观损伤情况。检查正常后，在工作前穿戴整齐。

四、高压检测工具仪器的使用

除了传统的维修工具和检测设备外，针对新能源汽车的高压电路，需要专用的维修工具及检测设备。新能源汽车常用维修工具及检测设备见表1-5。

表1-5 新能源汽车常用维修工具及检测设备

序　号	类　型	工具设备名称	规格要求
1	拆装工具	绝缘工具套装	高压电维修绝缘工具，耐电压1 000 V
2	检测仪表	数字式万用表	符合 CAT Ⅲ 要求
3		钳型电流表	符合 CAT Ⅲ 要求
4		绝缘测试仪	符合 CAT Ⅲ 要求
5	诊断仪器	电动汽车故障诊断仪	具备电动汽车诊断功能

1. 绝缘工具使用

新能源汽车维护中使用的绝缘拆装工具主要包括套筒扳手，如图1-10所示、开口扳手、螺钉旋具、钳子、电工刀等。绝缘工具采用绝缘材料制作加工或在传统工具外层涂敷耐压绝缘材料层，其绝缘性能很好，可承受1 000 V以上的电压，可以防止在拆装新能源汽车高电压部分零部件时，发生意外触电事故。

图1-10 套筒扳手

我国的绝缘工具分为3类。

1）Ⅰ类工具

采用普通基本绝缘的工具。在防触电保护方面不仅依靠基本绝缘，还附加了一项安全预防措施，即对正常情况下不带电，绝缘损坏时变为带电体的外露可导电部分采取接零保护。为了保证可靠性，接零保护应不少于两处，且要附加漏电保护，同时要求操作者使用绝缘防护用品。

2）Ⅱ类工具

采用双重绝缘或加强绝缘的工具。在防触电保护方面不仅依靠基本绝缘，还对其正常情况下的带电部分与可触及的不带电的可导电部分采取双重绝缘或加强绝缘措施，相当于将操作者个人绝缘防护用品以可靠有效的方式制作在工具上。

3）Ⅲ类工具

采用安全特低电压供电的工具。在防触电保护方面，依靠安全隔离变压器供电。

高电压新能源汽车维修要求配备Ⅱ类以上的工具。

2. 工作前布置场地及绝缘标识

在高压作业时还需要其他绝缘用品，如绝缘胶垫、安全标识等。绝缘胶垫又称绝缘毯、绝缘垫等，是由特种橡胶制成，具有较大电阻率，耐电击穿的胶垫，用于配电等工作场合的台面或铺地绝缘材料。在低压配电室地面上铺绝缘胶垫，可代替绝缘鞋，起到绝缘作用。1 000 V 及以下工作环境，绝缘胶垫可作为基本安全用具；而在 1 000 V 以上，仅作为辅助安全工具。在维修电动汽车时必须使用绝缘胶垫。另外，还需保证绝缘胶垫干燥，避免由于潮湿造成绝缘性能下降。

在使用前需检测绝缘垫绝缘性能，且需多点检测，如图 1-11 所示。

在维修电动汽车时，应设置功能区标志、设备标志、安全警告标志（图 1-12）、消防安全标志、安全向导标志等。

图 1-11　绝缘胶垫的绝缘性能检测

图 1-12　安全警告标志

在维修操作充放电设备和电动汽车电池及高压动力线束时应设置操作警示牌；电动汽车维修区域和故障车辆停放区域应设置警示线以及安全围栏。

3. 新能源汽车检测仪器使用

使用的检测仪表有数字万用表、钳形电流表和绝缘测试仪（如兆欧表、高压绝缘测试仪）等。

1）数字万用表

新能源汽车使用的数字万用表与普通车辆一样，但应该确保使用的数字万用表符合 CAT Ⅲ 安全级别的要求。图 1-13 所示为典型型数字万用表。

万用表通常具备以下功能：检测交流 / 直流（AC/DC）电压、电流、电阻、频率、温度、二极管、连通性、电容及进行绝缘测试（低压）。有些汽车专用的万用表还具有检测转速、百分比（占空比）、脉冲宽度以及其他功能（如利用蜂鸣器等读取故障码）。

数字万用表使用方法如图 1-14 所示。

图 1-13　典型数字万用表

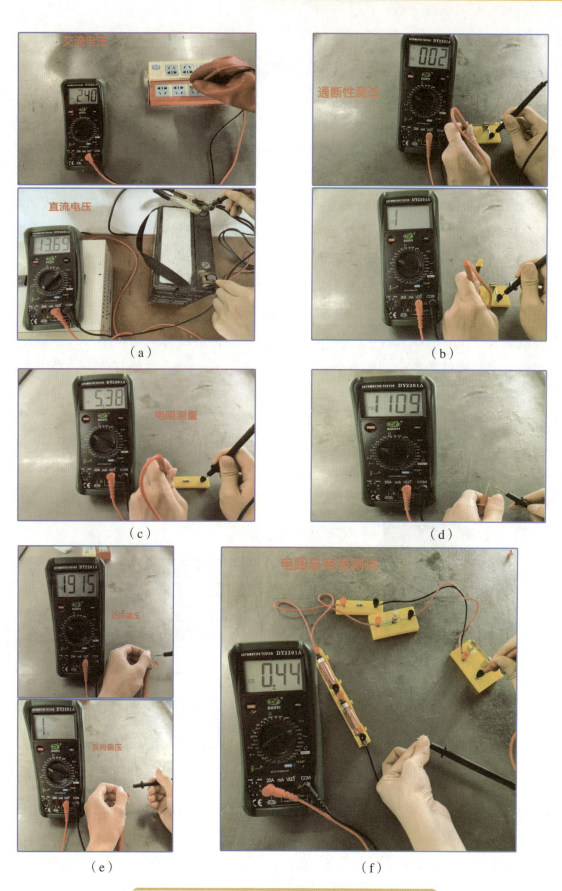

图1-14　数字万用表使用方法

（a）直流、交流电压测量；（b）通断性测试；（c）电阻测量；
（d）电容测量；（e）二极管测量；（f）电路总电流测试

2）钳形电流表

在新能源汽车诊断与维修时，经常会需要测量导线中的电流。由于驱动系统的导线（如逆变器与电动机之间）存在较大的交变电流，因此必须使用钳形电流表（也称数字电流钳）进行间接测量。钳形电流表使用方便，无需断开电源和线路即可直接测量运行中的电力设备的工作电流，便于及时了解设备的工作电流及设备的运行状况。钳形电流表的外观及功能按键如图1-15所示。

钳形电流表主要由电流表和穿心式电流互感器组成。穿心式电流互感器铁芯制成活动开口，且呈钳形，故名钳形电流表，是一种不需断开电路就可直接测量电路交流电流的携带式仪表。

钳形电流表的工作原理等同于电流互感器的工作原理。当握紧扳手时，钳口张开，被测电流的导线进入钳口内部作为电流互感器的一次绕组。当放松扳手时，钳口闭合，根据互感器的原理，在其二次绕组上产生感应电流，从而指示出被测电流的数值。

钳形电流表使用时应握紧扳手，使钳口张开，将被测导线放入钳口中央，然后松开扳手使钳口闭合紧密。钳口的结合面如有杂声，则应重新开合一次；如仍有杂声，则应处理结合面，以使读数准确。不可同时钳住两根导线。读数后，将钳口张开，退出被测导线，将挡位置于电流最高挡或OFF挡，如图1-16所示。

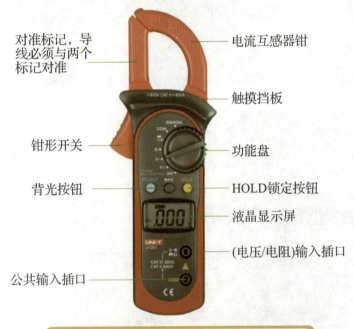

对准标记，导线必须与两个标记对准

电流互感器钳

触摸挡板

钳形开关

功能盘

背光按钮

HOLD锁定按钮

液晶显示屏

(电压/电阻)输入插口

公共输入插口

图1-15 钳形电流表的外观及功能按键

图1-16 钳形电流表的使用方法

钳形电流表不能测量裸导体的电流。必须由两人操作，操作人员应戴绝缘手套，站在绝缘垫上，不得触及其他设备，以防止短路或搭铁。还应注意身体与带电体保持安全距离。当测量高压电缆各相电流时，电缆头线距离应在300 mm以上，且绝缘良好。观测读数时要注意保持头部与带电部分的安全距离，人体任何部分与带电体的距离不得小于钳形电流表的整个长度。

3）绝缘测试仪

在运行过程中，新能源汽车难免会出现部件间的相互碰撞、摩擦、挤压，导致高压电路与车辆底盘之间的绝缘性能下降，电源正负极引线将通过绝缘层和底盘构成漏电回路。当高压电路和底盘之间发生多点绝缘性能下降时，会导致漏电回路的热积累效应，可能造成车辆的电气火灾。因此，对高压电气系统与车辆底盘的电气绝缘性能进行实时检测，是电动汽车电气安全技术的核心内容。需要使用专用的绝缘测试仪（图1-17），测量高压电缆及零部件对车身绝缘电阻是否在规定值范围内。

绝缘测试方法如图1-18所示。测量绝缘电阻的步骤如下：

主显示区
辅显示区

图 1-17　典型绝缘测试仪

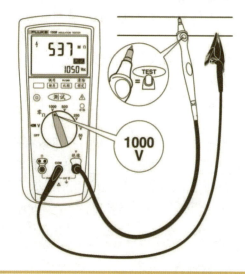

图 1-18　绝缘测试方法

步骤1：将测试探头插入"+"和"-"输入端子。

步骤2：将按钮旋到"INSULATION"绝缘挡位。当开关转到该位置时，仪表将启动电池负载检查。如果电池电量不支持完成测试，显示屏下部将出现电池符号。在更换电池前，将无法执行绝缘测试。

步骤3：按【RANGE】选择电压。

步骤4：将探头连接到待测电路，仪表自动检测电路是否通电。

• 主显示区中出现"------"，直到按下【INSULATION TEST】，可获得有效的绝缘电阻读数。

• 如果存在超过30 V的交流或直流电压，将出现高压符号，并且主显示区将发出警告，禁止测试。在继续操作之前，应断开仪表，切断电源。

步骤5：按住【INSULATION TEST】开始测试。辅助显示区会显示被测电路中施加的测试电压。高压符号出现，并且主显示区显示以 MΩ 或 GΩ 为单位的电阻值。"TEST"图标出现在显示屏下部，直到松开【INSULATION TEST】。

当电阻超出最大显示范围时，仪表将显示">"符号以及量程的最大电阻。

步骤6：将探头保持在测试点上并松开【INSULATION TEST】按钮。被测电路将通过仪表放电。在开始新测试、选择不同的功能/量程或检测到大于30 V电压之前，电阻读数将保持在主显示区。

任务实施

认识高压防护及检测工具工作页

姓名		班级	
实训器材			

一、信息收集

（1）当人体直接接收电流能量遭到电击时，电能转换为热能作用于人体，致使人体受到_____或_____。

（2）电击造成的人身事故包括_____、电磁伤害、_____、_____、电气设备故障造成的人身伤害等。

（3）通常人体接触到_____以上的交流电，或_____以上的直流电时，就可能发生触电事故。

（4）当电流由一手进入，从另一手或一脚流出时，电流通过_____，即可立即引起心室颤动；通过_____比通过_____更严重。

（5）在动力电池维修工作中使用的绝缘手套需要具备哪两种性能？

二、计划制订

根据任务需要在表1中填入认识高压防护及检测工具需要准备的检测仪器和工具。将工作计划填入表2。

表1　检测工具和仪器

序　号	仪器、工具名称	数　量	清点情况
			□已清点 □未清点
			□已清点 □未清点
			□已清点 □未清点
			□已清点 □未清点

表2　工作计划

序　号	步　骤	操作方法及说明	质量标准与记录

三、计划实施

佩戴好安全帽、护目镜和防护手套，进入车底清洁动力电池外壳，对动力电池外观进行检查并在表 3 中记录结果。

表 3　检查项目结果记录表

检查项目	详情	检查结果
防护套装的检查与穿戴	检查绝缘鞋是否有破损、油污等现象	□正常 □异常
	检查护目镜是否有破损、油污等现象	□正常 □异常
	检查防护服是否有破损、油污等现象	□正常 □异常
绝缘工具检查	检查绝缘工具的绝缘等级以及工具表面有无破损现象	□正常 □异常
	检查绝缘地垫是否存在破损现象	□正常 □异常
高压检测工具使用	检查万用表各功能是否正常	□正常 □异常
	检查绝缘测试仪是否能正常工作	□正常 □异常
	检查钳形电流表是否能正常工作	□正常 □异常
	检查解码仪是否能正常工作	□正常 □异常

✎ 任务评价

考核评分细则

序号	评分项	得分条件	分值	评分要求	自评	互评	师评
1	安全 / "5S" 意识	□ 1. 能正确进行工位 "5S" 操作 □ 2. 能确认设备工具是否正常 □ 3. 能正确固定车辆 □ 4. 能进行工具清洁、校准、存放操作 □ 5. 能进行三不落操作	15	未完成 1 项扣 3 分	□熟练 □一般 □不熟练	□熟练 □一般 □不熟练	□优秀 □合格 □不合格
2	专业技能能力	□ 1. 能正确进行防护套装的检查与穿戴 □ 2. 能正确进行绝缘工具的检查 □ 3. 能正确使用万用表、解码仪 □ 4. 能正确使用绝缘测试仪、钳形电流表	80	未完成 1 项扣 20 分	□熟练 □一般 □不熟练	□熟练 □一般 □不熟练	□优秀 □合格 □不合格
3	表单填写与报告的撰写能力	□ 1. 字迹清晰 □ 2. 语句通顺 □ 3. 无错别字 □ 4. 无涂改 □ 5. 无抄袭	5	未完成 1 项扣 1 分	□熟练 □一般 □不熟练	□熟练 □一般 □不熟练	□优秀 □合格 □不合格
总分:							

任务拓展

新能源汽车安全设计

新能源汽车安全设计包含维修安全、碰撞安全、电气安全和功能安全等方面，如图 1-19 所示。

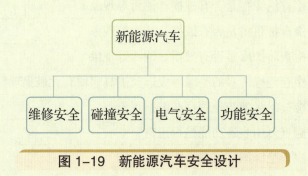

图 1-19　新能源汽车安全设计

1. 维修安全

维修安全主要包含两方面：传统内燃机汽车的维修安全和针对新能源汽车的特殊维修安全。新能源汽车的维修安全主要是防止高压触电。

2. 碰撞安全

当车辆发生碰撞时，车辆的安全系统应当满足以下要求：碰撞过程中以及碰撞后都要保证相关人员的人身安全。

3. 电气安全

新能源汽车的电气安全主要包括：防止人员接触到高压电、电池能量的合理分配、充电时的高压安全、行驶过程中的高压安全、碰撞时的电气安全、维修时的电气安全。

4. 功能安全

电动类型的新能源汽车，需要从以下两个功能上采取安全设计，避免事故的发生。

1）转矩安全管理

为防止车辆出现不期望的运动，需要在整车控制器中加入转矩安全控制策略。具体转矩安全策略如下：

（1）整车控制器负责计算整车的转矩需求，计算的转矩需求的差值大于某个标定值，则认为转矩输出存在安全风险，此时整车控制器会将车速限制在安全范围内。

（2）若整车控制器的需求转矩与电机的实际转矩的差值大于某个标定值，则认为电机的转矩控制存在风险，此时整车控制器将会限制电机的转矩输出。若两者差值一直过大，则切断动力电池的动力输出。

2）充电安全

在充电时需要防止车辆移动，以及避免快充、慢充、行驶模式之间切换的冲突，为此进行以下设计：

（1）只有在 P 挡位时才允许充电。

（2）在充电过程中，转矩需求及实际转矩输出都应当为零。

（3）当插上充电枪时，不允许闭合控制高压电输出的接触器。

（4）当充电回路绝缘电阻小于标准要求的阻值时，应当停止充电并断开高压接触器。

任务二　认识动力电池箱及辅助器件

任务引入

　　一辆新能源电动汽车在颠簸路段行驶途中，车辆底盘撞到石头，车主停车检查发现车辆底板被刮破。作为 4S 店的维修技师，在接到这辆车后你应该如何进行检测与维修呢？

任务分析

　　动力电池箱是安装电池组和辅助器件的部件。电池箱体需要保持一定的强度、具有可靠的三防（防水、防尘、防震）性能。在动力电池一般检查时主要查看电池箱体有无因石击而造成划痕、破损、变形等现象。辅助器件包含了接触器、传感器、预充电阻等，是确保动力电池正常工作的部件。

知识储备

一、动力电池箱

　　动力电池箱是支撑、固定、包围电池系统的组件，包含上盖和下托盘，还有辅助元件，如过渡件、护板、螺栓等，动力电池箱有承载及保护动力电池组和电气组件的作用。

1. 电池箱的技术要求

　　动力电池箱体（图 1-20）用螺栓连接在车身底板下方，防护等级为 IP 67，螺栓拧紧力矩为 80~100 N·m。整车维护时需观察电池箱体螺栓是否松动，电池箱体是否破损、严重变形，密封法兰是否完整，确保动力电池可以正常工作。

图 1-20　动力电池箱体

2. 外观要求

表面要求为银灰或黑色，亚光。电池箱体表面不得有划痕、尖角、毛刺、焊缝及残余油迹等外观缺陷，焊接处必须打磨圆滑。

二、辅助元器件

动力电池的辅助元器件主要包括动力电池系统内部的电子电器组件，如熔断器、继电器、分流器、插接件、紧急开关、烟雾传感器、维修开关以及电子电器组件以外的辅助元器件，如密封条、绝缘材料等。

1. 预充继电器与电阻

在充电初期，需闭合预充继电器再预充电，预充完成后断开预充继电器。预充继电器与电阻如图 1-21 所示。

2. 电流传感器与熔断器

电流传感器的类型为无感分流器，

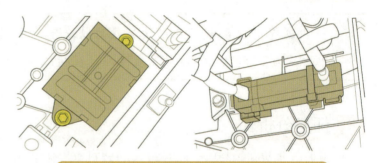

图 1-21　预充继电器与电阻

如图 1-22 所示，在电阻的两端形成毫伏级的电压信号，用于监测母线充、放电电流的大小。熔断器（图 1-23）主要用于防止能量回收时过电压、过电流，或放电时过电流。

图 1-22　电流传感器

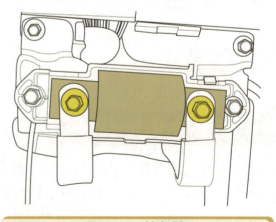

图 1-23　熔断器

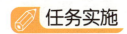

任务实施

认识动力电池箱及辅助器件工作页

姓名		班级	
实训器材			

一、信息收集

（1）动力电池箱主要包含_____、_____和_____，动力电池箱有承载及保护动力电池组和电气组件的作用。动力电池箱表面要求为_____或_____，_____。

（2）动力电池的辅助元器件主要包括_____、_____、_____、插接件、_____、烟雾传感器、_____以及电子电器组件以外的辅助元器件等，如_____、绝缘材料等。

二、计划制订

根据任务需要在表1中填写认识动力电池箱及辅助器件需要准备的检测仪器和工具。将工作计划填入表2中。

表1　检测工具和仪器

序号	仪器、工具名称	数量	清点情况
			□已清点 □未清点
			□已清点 □未清点
			□已清点 □未清点
			□已清点 □未清点

表2　工作计划

序号	步骤	操作方法及说明	质量标准与记录

三、计划实施

佩戴好安全帽、护目镜和防护手套，进入车底识别检查动力电池箱体，在动力电池可视内部台架上认识动力电池辅助器件。

检查项目	详情	记录结果
动力电池箱体检查	动力电池箱体外观	□银灰 □黑色 □亚光
	动力电池箱体是否有划痕、尖角、毛刺、焊缝及残余油迹等	□有 □无
动力电池辅助器件识别		□规范 □不合格

✏ 任务评价

考核评分细则

序号	评分项	得分条件	分值	评分要求	自评	互评	师评
1	安全/"5S"意识	☐ 1. 能正确进行工位"5S"操作 ☐ 2. 能确认设备工具是否正常 ☐ 3. 能正确固定车辆 ☐ 4. 能进行工具清洁、校准、存放操作 ☐ 5. 能进行三不落操作	15	未完成1项扣3分	☐熟练 ☐一般 ☐不熟练	☐熟练 ☐一般 ☐不熟练	☐优秀 ☐合格 ☐不合格
2	专业技能能力	☐ 1. 能正确识别动力电池箱体 ☐ 2. 能正确检查动力电池箱体 ☐ 3. 能正确识别动力电池辅助器件	60	未完成1项扣20分	☐熟练 ☐一般 ☐不熟练	☐熟练 ☐一般 ☐不熟练	☐优秀 ☐合格 ☐不合格
3	资料信息查询能力	☐ 能正确使用维修手册查询动力电池辅助器件	20	未完成1项扣20分	☐熟练 ☐一般 ☐不熟练	☐熟练 ☐一般 ☐不熟练	☐优秀 ☐合格 ☐不合格
4	表单填写与报告的撰写能力	☐ 1. 字迹清晰 ☐ 2. 语句通顺 ☐ 3. 无错别字 ☐ 4. 无涂改 ☐ 5. 无抄袭	5	未完成1项扣1分	☐熟练 ☐一般 ☐不熟练	☐熟练 ☐一般 ☐不熟练	☐优秀 ☐合格 ☐不合格

总分：

✏ 任务拓展

新能源汽车维修开关的作用

新能源汽车电池包/电机控制器上有一个开关，即手动维修开关（MSD）。MSD 在维修等情况下能够快速断开高压电流。

1. MSD 简介

MSD 是一种带熔断器的高压连接器。检修新能源电动车时，为了确保人车安全，会拔出 MSD 从而将高压系统的电源断开。

MSD 电气部位布置一般有两种形式，一种是位于高压电源的正极，另一种是位于电池组中间。使用 MSD 时无须工具即可方便地断开高压回路，且其具有高压互锁功能，是重要的安全防护部件。MSD 的可靠性显然会影响整车及维修人员的安全，需要对其进行完善的性能测试。

2. MSD 结构特点

（1）MSD 具有双重保护结构，采用免触指结构设计，并内置高压互锁控制针。

（2）MSD 可以为电动汽车电力系统的维修提供安全和可靠保证，既可以作为维修保护开关，同时也可以起到短路保护的作用。

任务三　交流充电系统故障检修

任务引入

大家都知道新能源汽车充电有交流充电和直流充电两种方式。交流充电的原理是什么？交流充电和直流充电又有什么区别？如果出现充电故障，应如何检修呢？

任务分析

在纯电动汽车充电过程中，交流充电系统最容易出现的故障为车载充电器与充电桩连接故障。凡是涉及此故障的情况，首先应该确认充电桩状态良好，符合国家相关标准，与各款电动汽车进行过调试并通过；其次，确认充电桩提供的工作电压范围在 187~253 V；再次，检查充电插头和充电口的各连接端子有无烧蚀和损坏现象；最后，连接好充电线后，查看车载充电器指示灯状态。

知识储备

新能源汽车充电系统

一、交流充电系统结构

交流充电系统指电网输出给车辆的是交流电，可以是 220 V 单相交流电或 380 V 三相交流电。交流电通过标准充电插头和充电插座进入车载充电机，车载充电机再把交流电转化为直流电后给动力电池充电，完成基本的交流充电。

交流充电系统的部件主要有车载充电机、交流充电接口（交流充电接口线束）、充电线、交流充电桩或 220 V 交流电源和车辆控制器（未在图中）等，如图 1-24 所示。

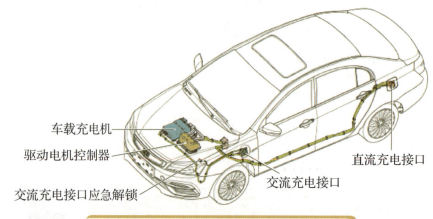

车载充电机

驱动电机控制器

直流充电接口

交流充电接口

交流充电接口应急解锁

图 1-24　交流充电系统的组成

交流充电插座和车载充电机固定在车辆上，充电线随车配送，交流充电桩固定在停车场，各部件的作用如下：

（1）车载充电机是交流充电系统的关键部件，它根据控制指令把交流电转化为直流电给蓄电池充电。

（2）交流充电插座是国家标准件，是车辆连接外部电网的接口，其接口有 2 个信号回路、1 个接地回路、1 个中性线（零线）回路和 3 个相线回路，一共有 7 个接口，根据输入的电压是 AC 220 V 或 AC 380 V，应用相应的相线接口。

（3）车辆控制器可实时监控车辆的状态并发出控制指令给车载充电机，使其正常工作或停止工作，控制其工作电流和电压等，是车辆充电的控制"大脑"。

（4）充电线连接外部电网和车辆，直接给车载充电机提供 AC 220 V 电源。其线缆上的功能盒可检测车辆和电网状态，连接或断开给车辆的供电，具有一定的保护功能。根据标准要求其输入的充电电流限制在 13 A 以内，输入电压为 AC 220 V，所以充电时，车载充电机的最大输入功率为 2860 W，即充电时间会延长。

（5）交流充电桩是车辆连接外部电网的部件，直接给车载充电机提供 AC 220 V 或 AC 380 V 电源。其具有检测车辆和电网状态，连接或断开车辆供电的功能。充电桩的供电电压有 AC 220 V 和 AC 380 V，根据充电桩的输出功率而定。根据标准要求，如果交流充电桩的输出电流大于 32 A，则供电电压必须采用 AC 380 V。因此采用交流充电桩充电时，充电功率较大，即充电时间会缩短。

二、交流充电系统原理

1. 电气原理

交流充电总共有 3 种充电模式，分别为模式 1、模式 2 和模式 3。根据国家标准要求和充电安全，其中模式 1 严禁使用，下面以模式 2 为例进行介绍。模式 2 连接方式 C 的交流充电电路如图 1-25 所示。

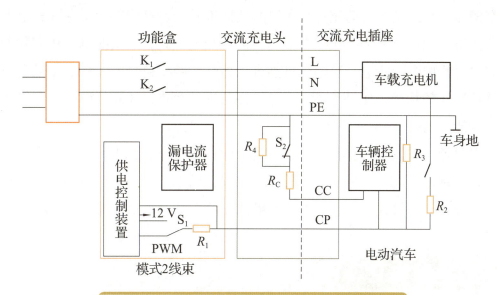

图 1-25　模式 2 连接方式 C 的交流充电电路

根据标准要求，CC 信号是充电插头和充电插座是否连接的判断信号，同时车辆根据 CC 的信号值判断 R_C 电阻值，确定线束的容量。CP 信号用来判断供电设备的供电能力，通过 PWM 值确定。各电阻值和 PWM 值都必须满足标准要求，且控制器必须按照标准进行判断，以满足车辆在市场上的充电需求。

2. 控制策略

交流充电系统的控制策略既需要满足标准要求，又需要便于客户使用。

交流充电的控制策略如下：

（1）车载充电机检测 CC 和 CP 信号，车载充电机可根据 CC 信号判断充电线的容量，根据 CP 信号判断供电设备的供电能力。

（2）车辆处于休眠或停车状态时，当充电插头插上充电插座时，车载充电机检测到 CC 或 CP 信号，自动唤醒。

（3）车载充电机自动唤醒后，唤醒车辆控制单元（VCU）和动力电池管理系统（BMS）。

（4）VCU 和 BMS 被唤醒后，开始进入交流充电模式并检测车辆状态（即车辆是否有故障、蓄电池是否满电）。

（5）车载充电机反馈充电线束状态和供电设备信息给 BMS。

（6）BMS 根据车载充电机反馈的信息和车辆的状态，发送开始充电或停止充电指令给车载充电机。

（7）充电线或交流充电桩的供电控制装置通过 CP 信号判断车辆状态，连接或断开 K_1 和 K_2（即连接或断开交流电的输入）。

（8）车载充电机根据接收到的指令开始或停止工作，给车辆充电或停止充电进入休眠。

在整个充电的开始，车辆和交流充电桩（或充电线）都会先判断充电接口是否连接完好，然后车辆才会判断是否启动充电，所以必须插枪到位，这也是为了保证充电安全。在使用上，只需插枪无须执行其他操作，车辆随即进入充电模式，开始充电。在实际使用时，如果在车辆充电过程中电网断电，车辆会自动进入休眠，减少自身的能耗。当来电时，车辆会自动唤醒并检测车辆状态，如果车辆未满电，则会继续充电；如果已满电，会停止充电并进入休眠，减少能量消耗。

交流充电电流相对较小，有利于延长蓄电池的使用寿命，且不易过热和发生故障。直流充电虽然能更快地完成充电，但对车辆的蓄电池损伤较大，也易发生过热从而起火，因此建议车辆多采用交流充电模式，以有效延长蓄电池的使用寿命和减少事故发生。

三、交流充电口

根据国标 GB/T 20234.2—2015《电动汽车传导充电用连接装置 第 2 部分：交流充电接口》规定，电动汽车传导充电用交流充电接口的额定电压不超过 440 V（AC），频率为 50 Hz，额定电流不超过 63 A。

标准规定，在国内生产和销售的电动汽车车辆接口和充电接口分别包含 7 对触点，其电气参数值及功能定义如表 1-6 所示。

表 1-6　交流充电接口电气参数值及功能定义

触点编号 / 标识	额定电压和额定电流	功能定义
1—（L1）	250 V　10 A/16 A/32 A	交流电源（单相）
	440 V　16 A/32 A/63 A	交流电源（三相）
2—（L2）	440 V　16 A/32 A/63 A	交流电源（三相）
3—（L3）	440 V　16 A/32 A/63 A	交流电源（三相）
4—（N）	250 V　10 A/16 A/32 A	中线（单相）
	440 V　16 A/32 A/63 A	中线（三相）
5—（接地）	—	保护接地（PE），连接供电设备地线和车辆电平台
6—（CC）	0~30 V　2 A	充电连接确认
7—（CP）	0~30 V　2 A	控制导引

交流充电接口车辆 / 供电插头触点和车辆 / 供电插座触点布置如图 1-26 所示。

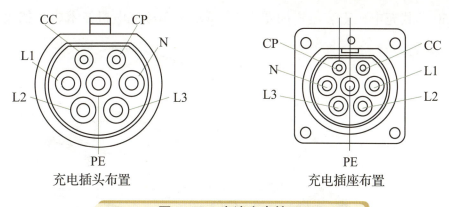

充电插头布置　　　　　　　充电插座布置

图 1-26　交流充电接口

在交流充电过程中，首先连接保护搭铁端子，最后连接控制确认端子与充电连接确认端子。在脱开过程中，首先断开控制确认端子与充电连接确认端子，最后断开保护搭铁端子。交流充电接口的连接界面如图 1-27 所示。

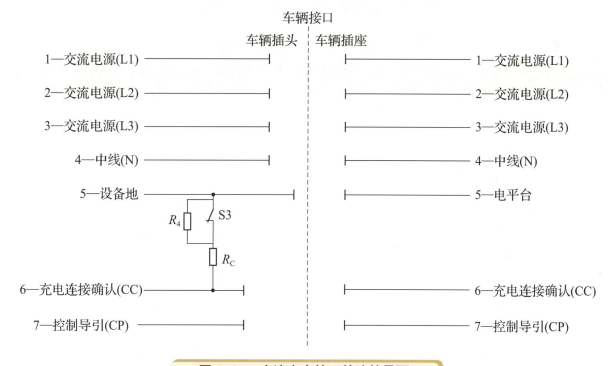

图 1-27　交流充电接口的连接界面

四、车载充电机

车载充电机是指将民用电网提供的交流电转化为动力电池所需要的直流电的装置，即 AC/DC 转换器。车载充电器通常使用结构简单、控制方便的接触式充电器。车载充电器负责与交流电网建立连接并满足车辆充电的安全需要，另外还通过控制导线与车辆控制器通信。这样可以安全启动充电过程，并在车辆与车载充电器之间交换充电参数，如控制电流强度等。

帝豪 EV450 车载充电机安装位置如图 1-28 所示。车载充电机技术参数如表 1-7 所示。

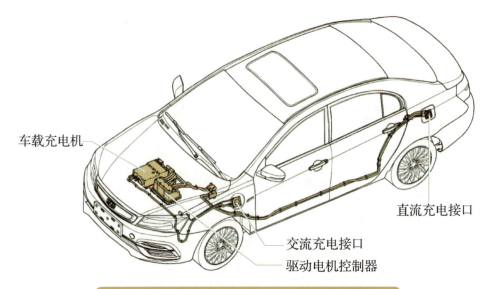

车载充电机

直流充电接口

交流充电接口

驱动电机控制器

图 1-28 帝豪 EV450 车载充电机安装位置

表 1-7 车载充电机技术参数

项目	参数	单位
输入电压	90~264	V
输入频率	50 ± 2	Hz
最大输入电流	16	A
输出电压	直流 200~450	V
输出最大功率	3.3	kW
输出最大电流	直流 12	A
效率	≥ 90%	—
质量	6	kg
工作温度	-40~80	℃
冷却方式	水冷	—

比亚迪 e5 车载充电机与电机控制器（VTOG）、DC/DC 转换器及高压配电箱封装在一起组成高压电控箱。比亚迪 e5 车载充电机如图 1-29 所示，作用是将交流充电口传递过来的 220 V/50 Hz 的交流电转换为直流高压电为动力电池充电。比亚迪 e5 车型充电时，3.3 kW 及以内的单相交流充电通过车载充电机进行，而功率大于 3.3 kW 的交流充电（含单相和三相交流电）通过 VTOG 进行，小功率充电时车载充电机的效率要高于 VTOG。

图 1-29　比亚迪 e5 车载充电机

任务实施

车载充电系统
检查与保养

一、车载充电系统检查保养

1. 交流充电口外观检查

（1）车辆熄火（退电至 OFF 挡），整车解锁，打开充电口舱盖及充电口盖。

（2）目视检查充电口塑料绝缘壳体外观有无热熔变形，严重热熔变形影响正常使用的需要更换处理。正常状态的充电口塑料绝缘壳体外观如图 1-30 所示。

正常状态1

正常状态2

图 1-30　正常状态的充电口塑料绝缘壳体外观

（3）目视检查充电口内部以及端子内部有无异物，如图 1-31 所示，有异物的需要使用高压气枪排出异物，无法排出且影响正常使用的需更换处理。

（4）目视检查充电口端子有无变黑，变黑则需更换处理，如图 1-32 所示。

图 1-31　检查端子簧片是否附着异物　　　　图 1-32　检查充电口端子有无变黑

（5）检查充电口端子簧片及底部有无变黑，变黑的需要更换处理。若充电口端子簧片及底部变黄，请打开后背门，打开左后侧围检修口排查，需辅助照明仔细观察充电口尾部电缆是否烧黑及变形。如充电口端子簧片及底部变黄且伴随尾部电缆外层变黑则需更换处理，如图 1-33 所示。

图 1-33　端子簧片及底部变黄且尾部电缆外层变黑

（6）目视检查端子簧片有无断裂，断裂的需要更换处理。端子簧片前端断裂如图 1-34 所示。

图 1-34　端子簧片前端断裂

2　充电口绝缘电阻检查

以吉利帝豪 EV450 为例测量充电插座绝缘电阻，步骤如下：

（1）断开高压连接。

（2）测量交流充电插座 L1、N 分别对 PE 的绝缘阻值，要求绝缘阻值大于 20 MΩ。

（3）测量直流充电插座 DC-、DC+ 分别对 PE 的绝缘阻值，要求绝缘阻值大于 20 MΩ。

警告：测量绝缘阻值，请选用 500 V 及以上量程兆欧表测量。

3. 车载充电机外观及充电电缆检查

1）车载充电机外观检查

（1）检查散热风扇是否有异物。

（2）散热翅上尽可能减少杂物，保证散热时风道畅通。

（3）低压插接器是否有松动，保证插接器可靠插接。

（4）检查高压插接器是否可靠插接。

（5）检查外壳是否有明显碰撞痕迹，对车载充电机内部模块是否造成损坏。

2）充电电缆检查

检查车载充电机各连接线束有无破损、裂缝，高低压连接是否牢固，有无松动。

4. 车载充电机绝缘阻值的检查

用兆欧表测量车载充电机正极线束和车载充电机壳体之间的电阻，标准电阻应大于或等于 20 MΩ。用兆欧表测量车载充电机负极线束和车载充电机壳体之间的电阻，标准电阻应大于或等于 20 MΩ。

二、交流充电系统零部件更换

交流充电口拆卸

1. 交流充电插座的更换

吉利帝豪 EV450 交流充电插座安装在左前轮上方翼子板上。拆卸步骤如下：

（1）打开前机舱盖，断开蓄电池负极电缆并等待至少 5 min。

（2）拆卸车载充电器处直流母线。

（3）在举升机工位拆卸左前轮及左前轮罩衬板。

（4）在前机舱内先断开如图 1-35 所示车载充电机上的交流充电高压线束插接器 1，再脱开交流充电高压线束插接器卡扣 2。

（5）在前机舱左侧脱开如图 1-36 所示交流充电高压线束卡扣。

图 1-35 脱开交流充电高压线束插接器卡扣

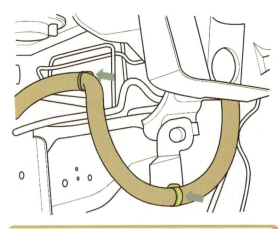

图 1-36　脱开交流充电高压线束卡扣

（6）继续在前机舱左侧脱开图 1-37（a）箭头所示交流充电高压线束卡扣，并脱开交流充电器锁锁止拉线卡扣；再脱开图 1-37（b）箭头所示交流充电器锁解锁拉线卡扣。

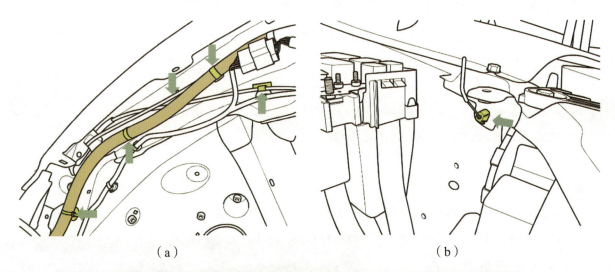

（a）　　　　　　　　　　　　　　　（b）

图 1-37　脱开交流充电高压线束卡扣和交流充电器锁解锁拉线卡扣

（7）如图 1-38 所示，先断开左前轮罩衬板处，交流充电插座线束插接器。

图 1-38　断开左前轮罩衬板处交流充电插座线束插接器

（8）如图1-39所示，先拆卸交流充电口盖螺钉，再撬起交流充电口盖卡扣，取出交流充电插座口盖。

图1-39　拆卸交流充电插座口盖

（9）如图1-40所示，拆卸交流充电插座固定螺栓，取出交流充电插座总成。

图1-40　拆卸交流充电插座总成

安装按照拆卸相反的顺序进行，插接器连接时应遵循"一插、二响、三确认"原则。

2　车载充电机冷却液管路的更换

车载充电机安装在前机舱，拆卸或安装冷却液管路环箍时应使用专用环箍钳。冷却液管路脱开前应先在车底放置容器，接住冷却液。车载充电机冷却液管路更换步骤如下：

（1）打开前机舱盖。

（2）断开图1-41所示车载充电机与驱动电机控制器冷却液管路。

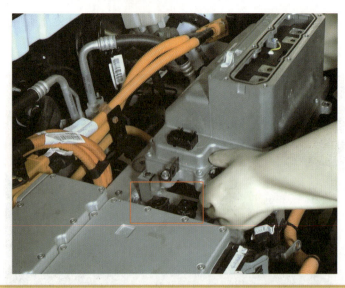

图 1-41　断开车载充电机与驱动电机控制器冷却液管路

（3）使用环箍钳松开图 1-42 所示的车载充电机水管环箍，断开车载充电机冷却液管路。

图 1-42　断开车载充电机冷却液管路

（4）使用环箍钳松开图 1-43 所示车载充电机冷却液管环箍，取下车载充电机冷却液管。

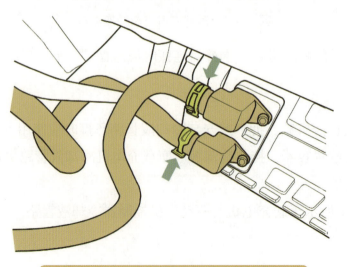

车载充电机冷
却液管路更换

图 1-43　取下车载充电机冷却液管

三、交流充电系统故障诊断

1. 车载充电机输出电压过高或过低

车载充电机有一定的输出能力，吉利帝豪 EV450 输出电压范围为 200~450 V。当车载充电机检测到输出端电压超过其输出能力时，车载充电机会自动关闭输出，保护其硬件。同样地，当车载充电机检测到输出端电压低于其输出能力时，车载充电机也会自动关闭输出，保护其硬件。在输出电压过高或过低而自动关闭输出的同时还会产生 DTC 故障码，保存在电控单元中。DTC 故障码根据车型不同而不同。车载充电机输出电压过高或过低故障 DTC 检测逻辑如表 1-8 所示。

表 1-8　车载充电机输出电压过高或过低故障 DTC 检测逻辑

故障名称	DTC 诊断条件	可能导致故障的原因
车载充电机输出电压过高	充电时，车载充电机检测到输出电压大于最高输出电压	①动力电池过压 ②车载充电机硬件故障
车载充电机输出电压过低	充电时，车载充电机检测到输出电压小于最低输出电压	①动力电池欠压 ②车载充电机硬件故障

车载充电机输出电压过高故障排除流程如图 1-44 所示。

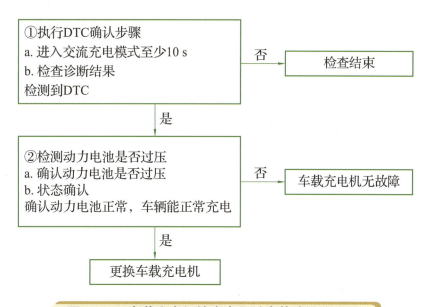

图 1-44　车载充电机输出电压过高故障排除流程

车载充电机输出电压过低故障排除流程如图 1-45 所示。

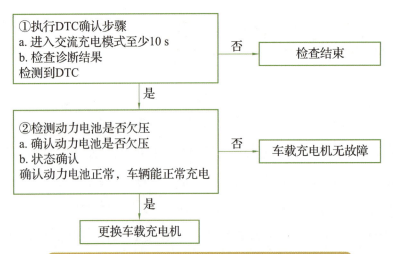

图1-45 车载充电机输出电压过低故障排除流程

2. 车载充电机过热故障

车载充电机对正常工作的温度有要求，帝豪EV450正常工作温度为-40~80℃。超出该温度范围，车载充电机会自动关闭输出，保护其硬件，并生成DTC故障码，存储在控制器内。车载充电机过热故障DTC检测逻辑如表1-9所示。

表1-9 车载充电机过热故障DTC检测逻辑

故障名称	DTC诊断条件	可能导致故障的原因
车载充电机过热	充电时，车载充电机检测到自身温度大于允许的最高温度	①冷却液泵不工作 ②冷却液缺少 ③车载充电机自身故障

车载充电机过热故障诊断与排除流程如图1-46所示。

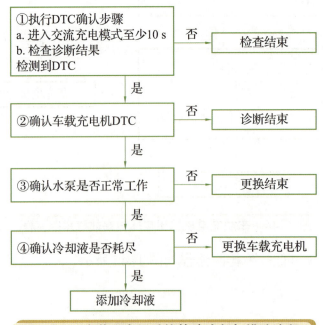

图1-46 车载充电机过热故障诊断与排除流程

3. 车载充电机过流故障

车载充电机正常工作时，输出电流超过一定值，车载充电机会自动关闭输出，保护其硬件。车载充电机输出过流可分为 1 级故障和 2 级故障，其 DTC 检测逻辑如表 1-10 所示。

表 1-10　车载充电机过流故障 DTC 检测逻辑

故障名称	DTC 诊断条件	可能导致故障的原因
车载充电机输出过流 1 级	充电时，车载充电机检测到 100 ms 内输出平均电流大于 12 A。	①电网波动 ②车载充电机硬件故障
车载充电机输出过流 2 级	充电时，车载充电机检测到 80 µs 内输出平均电流大于 25 A	车载充电机硬件故障

车载充电机输出过流 1 级故障诊断与排除流程如图 1-47 所示。

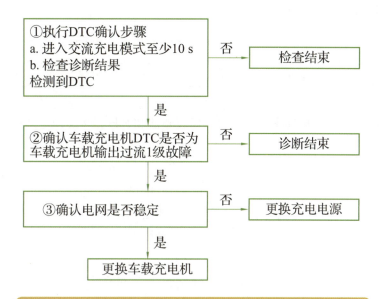

图 1-47　车载充电机输出过流 1 级故障诊断与排除流程

车载充电机输出过流 2 级故障诊断与排除流程如图 1-48 所示。

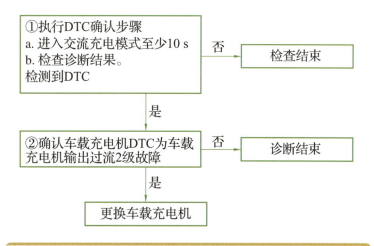

图 1-48　车载充电机输出过流 2 级故障诊断与排除流程

交流充电系统故障检修工作页

姓名		班级	
实训器材			

一、信息收集

（1）交流充电系统的部件主要有_____、_____（交流充电插座线束）、充电线、交流充电桩或 220 V 交流电源和_____等。

（2）交流充电插座是国家标准件，是车辆连接外部电网的接口，其接口有 2 个_____回路、1 个_____回路、1 个_____回路和 3 个_____回路，一共有 7 个接口，根据输入的电压是 AC 220 V 或 AC 380 V，应用相应的相线接口。

（3）车载充电机是指将民用电网提供的_____转化为动力电池所需要的_____的装置，即_____转换器。

（4）请查阅相关资料，完成以下信息的填写。

组合仪表中，"充电指示灯"的点亮条件为_____

_____。

"充电枪连接指示灯"的点亮条件为_____

_____。

（5）慢充是指使用（　　），借助车载充电机，通过整流和升压，将交流电变换为高压直流电给动力电池进行充电。

A. 直流 220 V 单相电　　　　　　　　　　B. 交流 220 V 单相电

C. 交流 380 V 三相电　　　　　　　　　　D. 直流 380 V 三相电

（6）对纯电动汽车而言，检修交流充电系统时，有时需要测量充电线的桩端 N 脚和车辆端的 N 脚之间是否导通，其阻值应小于（　　）Ω，否则应更换充电线总成。

A. 1　　　　　　　　B. 2　　　　　　　　C. 0.8　　　　　　　　D. 0.5

（7）电动汽车交流充电车辆接口和供电接口分别包含 7 对触头，分别是 CC、（　　）、N、NC1、NC2、L 和 PE。

A. CA　　　　　　　　B. AP　　　　　　　　C. DC　　　　　　　　D. CP

二、计划制订

根据任务需要在表 1 中填入交流充电系统故障检修需要准备的检测仪器和工具。将工作计划填入表 2 中。

表 1　检测工具和仪器

序号	仪器、工具名称	数量	清点情况
			□已清点 □未清点
			□已清点 □未清点
			□已清点 □未清点
			□已清点 □未清点

表 2　工作计划

序号	步骤	操作方法及说明	质量标准与记录

作业注意事项：

三、计划实施

检查项目	详情	记录结果
充电口外观检查	目视检查充电口塑料绝缘壳体外观有无热熔变形	□正常 □不正常
	目视检查充电口内部以及端子内部有无异物	□正常 □不正常
	目视检查充电口端子有无变黑	□正常 □不正常
	目视检查端子簧片有无断裂	□正常 □不正常
充电口绝缘阻值检查	断开高压连接	□规范 □不合格
	测量交流充电插座 L1、N 分别对 PE 的绝缘阻值	测量值 _____ 标准值 > 20 MΩ
	测量直流充电插座 DC−、DC+ 分别对 PE 的绝缘阻值	测量值 _____ 标准值 > 20 MΩ
车载充电机外观、充电电缆检查	检查散热风扇是否有异物	□正常 □不正常
	检查外壳是否有明显碰撞痕迹	□正常 □不正常
	高、低压插接器是否有松动	□正常 □不正常
	检查车载充电机各连接线束有无破损、裂缝，高低压连接是否牢固，有无松动	□正常 □不正常
交流充电插座更换	在前机舱左侧断开交流充电高压线束卡扣	□完成 □未完成
	先断开左前轮罩衬板处交流充电插座线束插接器；再断开交流充电插座口盖线束插接器；最后断开交流充电插座线束插接器	□完成 □未完成
	拆卸交流充电口盖螺钉，再撬起交流充电口盖卡扣，取出交流充电插座口盖	□完成 □未完成
	拆卸交流充电插座固定螺栓，取出交流充电插座总成	□完成 □未完成
车载充电机冷却液管更换	断开车载充电机与驱动电机控制器冷却液管路	□完成 □未完成
	使用环箍钳松开车载充电机冷却液管环箍，断开并取下车载充电器冷却液管路	□完成 □未完成
	使用环箍钳松开车载充电机冷却液管环箍，安装新的车载充电机冷却液管路	□完成 □未完成

任务评价

考核评分细则

序号	评分项	得分条件	分值	评分要求	自评	互评	师评
1	安全/"5S"意识	□ 1. 能正确进行工位"5S"操作 □ 2. 能确认设备工具是否正常 □ 3. 能正确固定车辆 □ 4. 能进行工具清洁、校准、存放操作 □ 5. 能进行三不落操作	15	未完成1项扣3分	□熟练 □一般 □不熟练	□熟练 □一般 □不熟练	□优秀 □合格 □不合格
2	专业技能能力	□ 1. 能正确进行交流充电口外观检查 □ 2. 能正确进行交流充电口绝缘电阻检查 □ 3. 能正确进行车载充电机外观、充电电缆检查 □ 4. 能正确进行交流充电插座更换操作 □ 5. 能正确进行车载充电机冷却液管更换操作	60	未完成1项扣12分	□熟练 □一般 □不熟练	□熟练 □一般 □不熟练	□优秀 □合格 □不合格
3	资料信息查询能力	□ 能正确使用维修手册查询相关车型交流充电系统维修信息	20	未完成1项扣20分	□熟练 □一般 □不熟练	□熟练 □一般 □不熟练	□优秀 □合格 □不合格
4	表单填写与报告的撰写能力	□ 1. 字迹清晰 □ 2. 语句通顺 □ 3. 无错别字 □ 4. 无涂改 □ 5. 无抄袭	5	未完成1项扣1分	□熟练 □一般 □不熟练	□熟练 □一般 □不熟练	□优秀 □合格 □不合格
总分：							

任务拓展

慢充对动力电池的影响

　　慢充会在充电的最后阶段给电池组进行均衡，从而保证每节电芯尽量达到满电状态。慢充较为温和，对于延长电池寿命也有一定的帮助。另外使用慢充方式在用电低峰时充电，成本也会比较低。对于一般的上班族来讲，每天晚上8小时左右的慢充时间，可以保证第二天的出行里程。一周进行两到三次的快充也没有问题。带有慢充充电装置的停车位如图1-49所示。

图1-49　带有慢充充电装置的停车位

　　如果条件允许，每个月最好能保证车辆有一次满充满放的机会，长此以往对延长车辆寿命会有帮助。在冬天，最好用慢充，这样可以保证电池有一个比较好的使用效果。

任务四　直流充电系统故障检修

✏ 任务引入

　　大家都知道新能源汽车充电有交流充电和直流充电之分。直流充电的原理是什么？交流充电和直流充电又有什么区别？

✏ 任务分析

　　直流充电系统是指外部充电设备输入给车辆的电压为直流电，即直流充电桩把380 V AC三相电转化为直流电，通过标准直流充电插头和充电插座输送给车辆，直接给动力电池充电，完成基本的直流充电。

　　直流充电的部件主要有直流充电插座（直流充电插座线束）、车辆控制器和直流充电桩等。直流充电部件连接地面充电设备给新能源汽车的动力电池进行直流充电。

直流充电系统充电时的故障主要有插头连接故障、唤醒故障、继电器故障等。其中插头连接类故障较为常见，多为充电接口接触不良、烧蚀、铜片断裂等原因；唤醒故障多为车辆控制器或电池管理器故障；继电器故障多为动力电池内部充电接触器硬件故障。唤醒故障和继电器故障需要拆解动力电池，进行针对性维修。

知识储备

一、直流充电系统原理

由于电网中的 380 V 交流电无法直接对动力电池输入，所以在直流充电的过程中，输入电动汽车的高压直流电是经过直流充电桩转换整流的。直流充电桩由输入整流装置、输入控制装置、输出控制装置和充电管理装置等组成，其系统框图如图 1-50 所示。

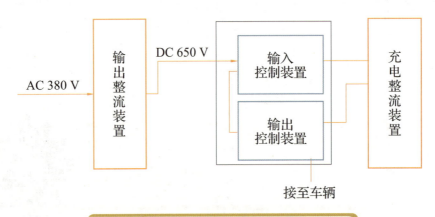

图 1-50　直流充电系统框图

1）直流充电桩的工作原理

电网中 380 V 交流电通过脉冲宽度调制（PWM）整流装置进行整流、滤波后，形成稳定的直流母线电压（650 V）提供给后级输出控制装置，为输出控制装置提供动力电源。

直流输入控制装置的数据通信模块（DCM）计量直流电能并控制直流供电系统起到安全防护作用。直流输出控制装置（PUM）与动力电池管理系统通信，进行 DC/DC 功率转换，输出动力电池所需电压、电流。用户可通过直流充电管理装置进行人机交互，实现身份识别、费用收取、票据打印、数据管理、充电电量控制等。

2）直流充电系统的工作原理

（1）直流供电。车辆直流充电口连接到直流充电桩，直流充电桩通过充电枪为电动汽车提供高压直流电源。

（2）充电唤醒。充电枪连接到车辆快速充电接口，整车控制器通过充电连接确认线 CC 判断快速充电接口是否正确连接。如果判断已正确连接，则启用唤醒电路将车辆内部的充电系统电路和部件唤醒。

（3）检测充电需求。动力电池管理系统检测动力电池是否需要进行充电。

（4）发送充电指令。如果检测到动力电池有充电需求，则整车控制器通过输出高压接触器接通指令到高压控制盒，接通动力电池与直流充电桩间的高压电路，开始进行充电。

（5）充电过程。充电过程中，整车控制器向仪表输出充电显示信息，外部供电设备的高压直流电通过直流充电桩储蓄到动力电池。

（6）充电停止。动力电池管理系统检测到充电完成后，给整车控制器发送指令，使快速充电系统停止工作，断开动力电池继电器，充电结束。

二、直流充电口

根据国标 GB/T 20234.3–2023《电动汽车传导充电用连接装置 第 3 部分：直流充电接口》规定，电动汽车传导用直流充电接口额定电压不超过 1 500 V（DC）、额定电流不超过 800 A（DC）。

标准规定，直流充电接口的车辆插头和车身插座分别包含 9 对触点，其电气参数值及功能定义如表 1–11 所示。

表 1–11   直流充电接口触头电气参数值及功能定义

触点编号 / 标识	额定电压和额定电流	功能定义
1—（DC+）	750 V 125 A/250 A	直流电源正，连接直流电源正与动力电池正极
2—（DC−）	750 V 125 A/250 A	直流电源负，连接直流电源负与动力电池负极
3—（接地）	—	保护接地（PE），连接供电设备地线和车辆电平台
4—（S+）	0~30 V 2 A	充电通信 CAN_H，连接非车载充电机与电动汽车的通信线
5—（S−）	0~30 V 2 A	充电通信 CAN_L，连接非车载充电机与电动汽车的通信线
6—（CC1）	0~30 V 2 A	充电连接确认 1，连接非车载充电机与电动汽车的控制器
7—（CC2）	0~30 V 2 A	充电连接确认 2，连接电动汽车的控制器
8—（A+）	0~30 V 10 A	低压辅助电源正，连接非车载充电机为电动汽车提供的低压辅助电源
9—（A−）	0~30 V 10 A	低压辅助电源负，连接非车载充电机为电动汽车提供的低压辅助电源

直流充电接口车辆 / 供电插头触点和车辆 / 供电插座触点布置如图 1–51 所示。

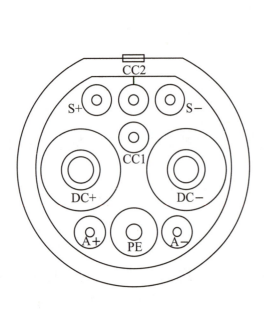
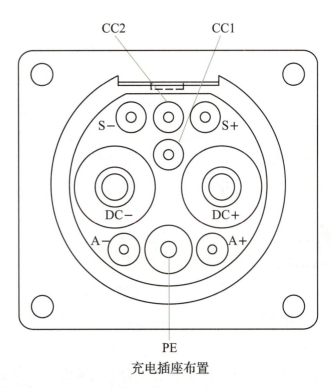

充电插头布置　　　　　　　　　充电插座布置

图 1-51　充电插头、插座布置图

充电插头和插座在连接过程中触头耦合的顺序为：保护接地和车辆端连接确认，直流电源正与直流电源负，低压辅助电源正与低压辅助电源负，充电通信与供电端连接确认；在脱开的过程中则顺序相反。直流充电接口的连接界面如图 1-52 所示。

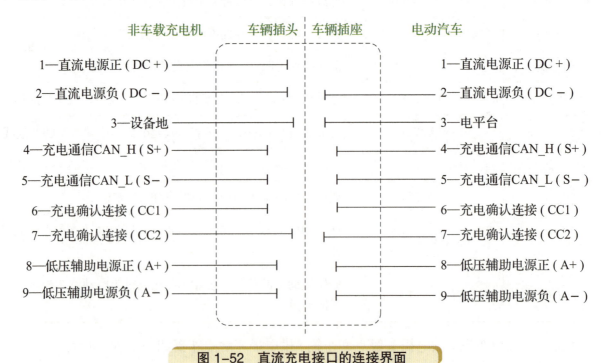

图 1-52　直流充电接口的连接界面

一、直流充电接口外观及线束检查

直流充电接口外观检查方法与交流充电接口外观检查方法相同，详细内容参见任务三交流充电系统故障检修。

二、直流充电接口更换

（1）打开前机舱盖，断开蓄电池负极电缆并等待至少 5 min。

（2）向上推动图 1-53（a）箭头所示直流母线插接器卡扣保险，并断开直流母线连接充电机端插接器，如图 1-53（b）所示。

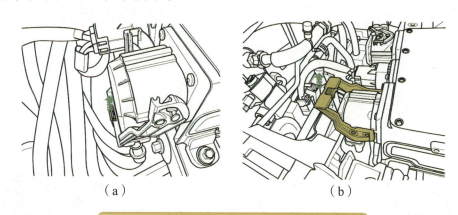

（a）　　　　　　　　　　　　　　（b）

图 1-53　拆卸直流母线插接器

注意：拆卸直流母线前佩戴绝缘手套，拆卸后使用万用表测量直流母线段正负极电压低于 1 V，才能进行下面的操作。

（3）在举升机工位拆卸左后轮及左后轮罩衬板。

（4）举升车辆，断开如图 1-54 所示动力电池上的直流充电高压线束插接器。

（5）拆卸图 1-55 中的直流充电高压线束支架固定螺栓 1 和螺母 2，脱开直流充电高压线束支架。

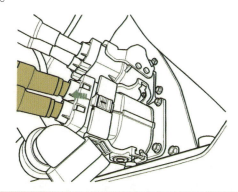

图 1-54　拆卸动力电池上的直流充电高压线束插接器

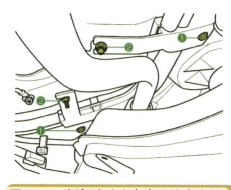

图 1-55　拆卸直流充电高压线束支架

（6）先脱开图 1-56 中的直流充电高压线束固定线卡 1，再拆卸动力电池左防撞梁螺栓 2，最后脱开直流充电高压线束固定线卡 3。

（7）脱开如图 1-57 所示直流充电高压线束 4 个固定线卡。

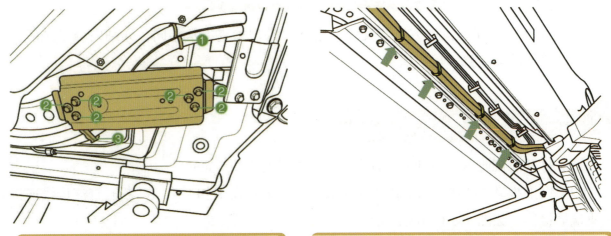

图 1-56　脱开直流充电高压线束固定线卡　　图 1-57　脱开直流充电高压线束 4 个固定线卡

（8）先脱开图 1-58 所示直流充电高压线束固定线卡 1，再拆卸直流充电高压线束支架固定螺栓 2。

（9）在左后轮罩内，先脱开图 1-59 中直流充电高压线束固定线卡 1；再拆卸直流充电插座搭铁线束固定螺栓 2，脱开搭铁线束；最后断开直流充电插座线束连接器 3。

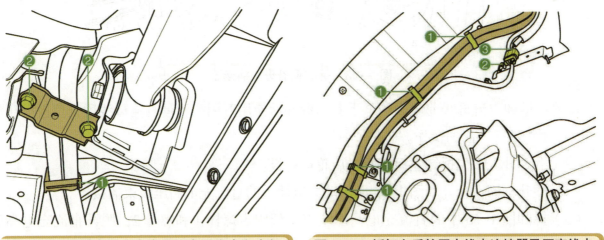

图 1-58　拆卸直流充电高压线束固定卡和支架　　图 1-59　拆卸左后轮罩内线束连接器及固定线卡

（10）拆卸直流充电插座 4 个固定螺栓，取出直流充电插座总成。

安装按照拆卸相反的顺序进行。

直流充电系统故障检修工作页

姓名		班级	
实训器材			

一、信息收集

（1）直流充电的部件主要有_____、_____和_____等。

（2）直流充电桩由_____、_____、_____和_____等组成。

（3）国标规定直流充电接口的车辆插头和车身插座分别包含9对触点，其中触点CC1/CC2含义为_____，S− 含义为_____，DC+ 含义为_____。

（4）快充系统一般使用（　　），通过快充桩进行整流、升压和功率变换后，将高压大电流通过高压母线直接给动力电池进行充电。

A. 交流 380 V 三相电　　　　　　　　B. 直流 380 V 三相电

C. 直流 220 V 单相电　　　　　　　　D. 交流 220 V 单相电

（5）直流充电时车载充电机_____（参与／不参与）充电工作。

（6）整个充电过程包括六个阶段：_____、低压辅助上电、充电握手阶段、_____、充电阶段和充电结束阶段。

（7）直流充电在车辆插头和车辆插座连接过程中，触头耦合的顺序为：_____和车辆端连接确认，直流电源正与直流电源负，低压辅助电源正与低压辅助电源负，_____和供电端连接确认；在脱开的过程中则顺序相反。

（8）简述直流充电系统的优缺点。

二、计划制订

根据任务需要在表1中填入直流充电系统故障检修需要准备的检测仪器和工具。将工作计划填入表2中。

表1　检测工具和仪器

序号	仪器、工具名称	数量	清点情况
			□已清点 □未清点
			□已清点 □未清点
			□已清点 □未清点
			□已清点 □未清点

表 2　工作计划

序号	步骤	操作方法及说明	质量标准与记录

作业注意事项：

三、计划实施

检查项目	详情	记录结果
充电口外观及线束检查	目视检查充电口塑料绝缘壳体外观有无热熔变形	□正常　□不正常
	目视检查充电口内部以及端子内部有无异物	□正常　□不正常
	目视检查充电口端子有无变黑	□正常　□不正常
	目视检查端子簧片有无断裂	□正常　□不正常
	检查充电线束有无破损、油污等现象	□正常　□不正常
直流充电接口更换	首先安全执行高压断电程序	□规范　□不合格
	在举升机工位拆卸左后轮及左后轮罩衬板	□完成　□未完成
	安全举升车辆断开动力电池上的直流充电高压线束插接器	□完成　□未完成
	拆卸底盘上的直流充电高压线束支架固定螺栓，脱开直流充电高压线束支架	□完成　□未完成
	在左后轮罩内，先脱开直流充电高压线束固定线卡；再拆卸直流充电插座搭铁线束固定螺栓，脱开搭铁线束；最后断开直流充电插座线束连接器	□完成　□未完成
	拆卸直流充电插座 4 个固定螺栓，取出直流充电插座总成	□合格　□不合格

 **任务评价**

考核评分细则

序号	评分项	得分条件	分值	评分要求	自评	互评	师评
1	安全/"5S"意识	□ 1. 能正确进行工位 5S 操作 □ 2. 能确认设备工具是否正常 □ 3. 能正确固定车辆 □ 4. 能进行工具清洁、校准、存放操作 □ 5. 能进行三不落操作	15	未完成1项扣3分	□熟练 □一般 □不熟练	□熟练 □一般 □不熟练	□优秀 □合格 □不合格
2	专业技能能力	□ 1. 能正确进行直流充电接口外观检查操作 □ 2. 能正确进行直流充电接口的更换操作	60	未完成1项扣30分	□熟练 □一般 □不熟练	□熟练 □一般 □不熟练	□优秀 □合格 □不合格
3	资料信息查询能力	□ 能正确使用维修手册查询相关车型直流充电接口故障表现和更换步骤	20	未完成1项扣20分	□熟练 □一般 □不熟练	□熟练 □一般 □不熟练	□优秀 □合格 □不合格
4	表单填写与报告的撰写能力	□ 1. 字迹清晰 □ 2. 语句通顺 □ 3. 无错别字 □ 4. 无涂改 □ 5. 无抄袭	5	未完成1项扣1分	□熟练 □一般 □不熟练	□熟练 □一般 □不熟练	□优秀 □合格 □不合格

总分：

任务拓展

快充对动力电池的影响

快充就好比是快速往杯里加水，水面一定会产生波动和不平衡。类比到电池上，就会体现为整个电池组的压差不平衡，从而影响到电池的活性。

快充会存在一定成分的虚电，无法达到车辆标称的工况续航，但对车辆本身不会有太大的伤害。快充充电如图 1-60 所示。

图1-60 快充充电

　　快充对电池的质量要求很高，而且大电流下电池的反应条件过于苛刻、剧烈，偏离平衡态较远，对电池的寿命有一定的损失，安全系数会下降。

　　此外，电动汽车电池类型不同（磷酸铁锂和三元锂）。在冬季，磷酸铁锂电池容量下降，活性下降，使用快充对于电池本身"刺激"较大；在夏季，三元锂离子电池活性高、不稳定，使用快充有可能引起电池组中的某节电池过热，长此以往会有热失控的风险。

项目二

动力电池的一般检测与保养

情景导入 →

一辆 2018 款吉利帝豪 EV450 电动汽车行驶 10 万 km，车主来 4S 店进行保养。作为 4S 店的维修技师，你知道应该对动力电池部分做哪些检测与保养吗？需要使用哪些工具、仪器和耗材呢？

中国新能源汽车生产量达到 2 000 万辆

2023 年 7 月 3 日，2023 中国汽车品牌向上发展专项行动——中国新能源汽车第 2 000 万辆下线活动在广州举行。第 2 000 万辆新能源汽车从广汽埃安整车下线区缓缓开出，标志着中国新能源汽车生产量达到 2 000 万辆。

"新能源汽车是全球汽车产业转型升级、绿色发展的主要方向，也是我国汽车产业高质量发展的战略选择。"中国第 2 000 万辆新能源汽车正式下线，是一个具有历史意义的重要时刻。

中国汽车工业协会常务副会长兼秘书长付炳锋介绍，近年来我国新能源汽车快速发展，2020 年 9 月，中国新能源汽车生产累计突破了 500 万辆，实现了《节能与新能源汽车产业发展规划（2012—2020 年）》中提出的目标；2022 年 2 月，这一数字突破了 1 000 万辆。"今天，我们迎来第 2 000 万辆的下线，第二个 1 000 万辆，仅用了 1 年零 5 个月的时间。"

与会专家认为，中国新能源车生产突破 2 000 万辆，标志着中国新能源汽车在产业化、市场化的基础上，迈入规模化、全球化的高质量发展的新阶段。

——节选自人民网（2023.07.04），《中国新能源汽车生产量达到 2000 万辆》，有删减

项目目标 →

1. 素养目标

（1）形成规范操作的安全意识和职业意识。

（2）养成遵守国家和行业规范、规程及标准的习惯。

（3）能够在工作过程中，与小组其他成员合作、交流并进行学习任务分工，具备团队合作意识。

2. 知识目标

（1）了解新能源汽车对动力电池的要求。

（2）了解动力电池分类。

（3）了解锂离子动力电池分类。

（4）了解动力电池安装位置。

3. 技能目标

（1）能对动力电池外观进行安装与检查。

（2）能对动力电池性能进行检查。

（3）能检查动力电池绝缘阻值。

（4）能对动力电池高压互锁进行检查。

项目分析 →

动力电池是整个电动汽车的动力来源和主要能量载体，是电动汽车的核心部分，为整车提供持续、稳定的能量，驱动车辆行驶，其性能和成本直接影响电动汽车的性能和成本。

动力电池一般检查与保养是确保动力电池安全工作的前提，能够提早发现动力电池安全隐患，确保整车安全。进行动力电池一般检查与保养前应先了解动力电池系统的分类及目前常见动力电池类型、安装位置、车辆举升点等相关知识。

结合车辆保养手册和1+X技能鉴定要求，动力电池一般检查与保养项目如图2-1所示。

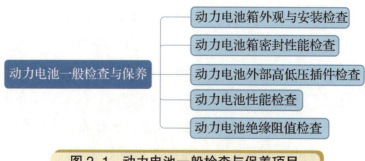

图2-1　动力电池一般检查与保养项目

任务一 动力电池外观与安装检查

任务引入

　　一辆 2018 款吉利帝豪 EV450 电动汽车在崎岖不平的路面上行驶时不小心磕到底盘，不知道动力电池是否受到影响，于是车主驱车到 4S 店咨询售后顾问。为了确保车辆的正常行驶，售后顾问建议及时检查动力电池是否存在故障或安全隐患。作为 4S 店的维修技师，在接到这个任务后你应该如何做好动力电池的检查与维护呢？

任务分析

　　动力电池安装在车辆底部，而车辆在日常使用中可能会发生挂底、磕碰等现象，从而产生安全隐患。动力电池外观、安装与工作温度检查是动力电池系统基本检查，旨在排除因磕碰、安装不稳固等因素造成的动力电池损伤，影响行车安全。

　　动力电池外观、安装及温度检查需要在举升机上进行。

新能源汽车动力电池与管理系统

知识储备

一、新能源汽车对动力电池的要求

　　动力电池最重要的特点是高功率和高能量。高功率意味着具有更大的充放电强度，高能量表示拥有更高的质量比能量和体积比能量。这两个指标的要求其实是矛盾的，提高功率就要提高充放电电流，电池结构设计需要增大等效的反应面积，减少接触阻抗，而增大面积和质量，就降低了比能量。这种矛盾要求需要按照最优化的整车设计应用指标去设计。从使用角度而言，动力电池的性能要求主要有以下几个方面。

1. 高能量

　　高能量意味着更长的纯电动续航里程。作为交通工具，续航里程的延长可有效提升车辆应用方便性和适用范围，因此，对动力电池的高能量密度的追求永不会停止。锂离子动力电池能够在电动车辆上广泛推广和应用，主要原因就是其能量密度是铅酸动力电池的3倍，并且还有继续提高的可能性。在技术发展上，现在的锂硫电池、镁电池也由于在能量密度方面的优势，成为研究人员开发的新热点。

2. 高功率

车辆作为交通工具，追求高速化，这就对车辆动力性提出了更高的要求。实现良好的动力性要求驱动电机有较大的功率，进而要求动力电池组能够提供驱动电机高功率输出，满足车辆驱动的要求。长期大电流、高功率放电对电池的使用寿命和充放电效率会产生负面影响，甚至影响使用的安全性，因此还需要一定的功率储备，避免动力电池在全功率工况下工作。

3. 长寿命

铅酸动力电池使用寿命在深充深放工况下可以达到500次，锂离子动力电池可以达到1 000次以上。

据日本丰田公司报告，混合动力镍氢电池的使用寿命已经可以达到10年以上。动力电池寿命长短，直接关系到动力电池的成本。电池更换的费用占电动汽车使用成本的很大部分。电池电化学体系研究将提高动力电池的使用寿命作为重点问题之一。在动力电池成组集成应用方面，考虑动力电池单体寿命的一致性以保证电池组的使用寿命与单体电池相近，也是研究的主要内容之一。

4. 低成本

动力电池的成本与电池的新技术含量、材料、制作方法和生产规模有关。目前新开发的高比能量的电池成本较高，使得电动汽车的造价随之增高，所以开发和研制高效、低成本的动力电池成为电动汽车发展的关键。

5. 安全性好

动力电池提供高达300 V以上的驱动供电电压，可能危及人身安全和车载电器的使用安全。用电安全是电动汽车区别于传统内燃机汽车的重要特点之一。除此之外，动力电池作为高密度能量的储能载体，自身也存在一定的安全隐患，如锂离子电池。

（1）充放电过程中如果发生热失控反应，可能导致电池短路起火，甚至爆炸。

（2）采用的有机电解质，在4.6 V左右易氧化，并且溶剂易燃，若出现泄漏等情况，也会引起电池着火燃烧，甚至爆炸。

（3）发生碰撞、挤压、跌落等极端的状况，会导致电池内部短路，易引起危险状况。

车用动力电池的检验标准非常严格，我国制定了GB/T 31467—2023《电动汽车用锂离子动力电池包和系统电性能试验方法》等相关标准。在高温、高湿、穿刺、挤压、跌落等极端状况下，检验动力电池，要求不发生燃烧、起火现象。

6. 工作温度适应性强

车辆应用一般不应受地域的限制，需要车辆适应不同的温度。例如，北京夏季地表温度可达 50℃ 以上，冬季可低至 −15℃ 以下。在该温度变化范围内，动力电池应该可以正常工作。因此，需要动力电池具有良好的温度适应性。考虑到电池的温度适应性问题，一般都需要设计相应的冷却系统或加热系统，来达到动力电池的最佳工作温度。

7. 可回收性好

按照动力电池使用寿命的标准定义，电池在其容量衰减到额定容量的 80% 时，确定为动力电池寿命终结。随着电动汽车的大量应用，废旧动力电池的回收问题便提上日程。在电化学性能方面，首先要求做到电池正负极及电解液等材料无毒，对环境无污染；其次是研究电池内部各种材料的回收再利用。再利用还存在梯次利用问题，即估测动力电池生命周期以及可再使用性后，将电池系统从车上拆下来成为一个个单体，并重组"再就业"，成为新的电池储能系统，应用到对电池容量和功率要求相对较低的领域。

二、动力电池的分类

目前，动力电池成本占了新能源汽车成本的 30%~50%，电动汽车动力电池的种类主要有铅酸电池、镍镉电池和镍氢电池、锂离子电池、石墨烯电池。其中石墨烯电池还处在实验室研究阶段，其优良的快速充放电性能引起了产业界的关注。各种动力电池性能对比见表 2–1。

表 2–1　各种动力电池性能对比

电池类型	能量效率 /%	能量密度 /（W·h·kg^{-1}）	循环寿命
铅酸电池	80	35~50	500~1 000
镍镉电池	75	35~50	1 000~2 000
镍氢电池	70	60~80	1 000~1 500
锂离子电池	90	100~200	1 500~3 000

1. 铅酸电池

铅酸电池是当前所有重要的蓄电池技术系统中，历史最长的可充电蓄电池系统。作为比较成熟的技术，其因成本较低，而且能够高倍率放电，目前主要应用在部分低速电动车上。

2. 镍镉电池和镍氢电池

镍镉电池和镍氢电池虽然性能好于铅酸电池，但含有重金属元素，遗弃后会对环境造成污染。在锂电池未广泛应用之前，较早期的混合动力车型多半使用镍氢电池（Ni-MH），现在它逐渐被锂电池取代。

3. 锂离子电池

传统的铅酸电池、镍镉电池和镍氢电池本身技术比较成熟，但它们用在汽车上作为动力电池则存在诸多问题。目前，越来越多的汽车厂家选择采用锂离子电池作为新能源汽车的动力电池，这是因为锂离子动力电池存在以下优点。

（1）工作电压高（是镍氢电池的 3 倍）。

（2）比能量大（可达 $100\sim200\ \mathrm{W\cdot h\cdot kg^{-1}}$，是镍氢电池的 3 倍）。

（3）体积小、质量小、循环寿命长。

（4）自放电率低、无记忆效应、无污染等。

当前许多知名的汽车制造商都致力于开发锂离子电池电动汽车，而国内汽车制造企业也在自己的混合动力汽车和纯电动汽车中搭载锂离子电池。锂离子电池相对其他电池在性能方面的优势比较明显，因此锂离子电池是目前各大电池生产企业大力发展的目标。

三、锂离子动力电池的分类

1. 按照外壳和外形分类

锂离子电池按照外壳的不同分为软包和硬壳两种，如图 2-2 所示。硬壳锂离子电池采用钢壳或者铝壳，一般又分为圆柱形和条形两种。软包锂离子电池外包装一般采用铝塑膜，其也是一种条形锂离子电池。也有人把软包锂离子电池称为聚合物锂离子电池。

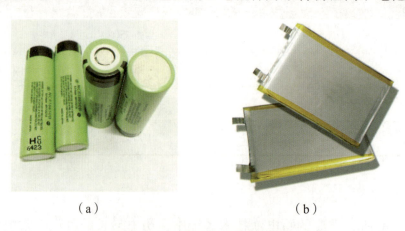

（a）   （b）

图 2-2　锂离子电池的分类

（a）硬壳锂离子电池；（b）软包锂离子电池

2 按照正极材料分类

按照正极材料的不同，锂离子电池分为磷酸铁锂离子电池、三元锂离子电池、锰酸锂离子电池、钛酸锂离子电池和钴酸锂离子电池（表2-2）。目前市场上已经商业化的动力锂离子电池主要包括磷酸铁锂离子电池、三元锂离子电池、锰酸锂离子电池和钛酸锂离子电池等，我国市场以磷酸铁锂离子电池和三元锂离子电池为主。

表2-2　锂离子动力电池性能对比

正极材料	钛酸锂	锰酸锂	磷酸铁锂	三元锂
能量密度理论极限 /（W·h·kg^{-1}）	80	100	170	280
标准电压 /V	22	37	33	37
循环寿命	10 000	60~1 000	2 000~3 000	2 000
安全性	好	较好	好	较差
成本	最高	最低	较低	高

四、动力电池安装位置与结构认知

动力电池一般安装在车辆底部，如图2-3所示，是整个电动汽车的动力源，所以不仅要保证动力电池安全可靠地使用，而且要充分发挥动力电池的能力，保证动力电池的使用寿命。动力电池外部动力电池箱的好坏对动力电池内部具有较大的影响，在电动汽车维护时，需要对动力电池箱外围进行检查与维护。

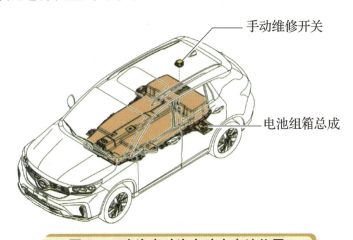

手动维修开关

电池组箱总成

图2-3　广汽电动汽车动力电池位置

动力电池箱是支撑、固定和包围动力电池系统的组件，起到承载和保护动力电池组与内部电气元件的作用，主要包括上盖和下箱体，还有辅助元器件，如密封条、电气元件、插接件、连接螺栓、动力电池标志等，动力电池箱结构如图2-4所示。

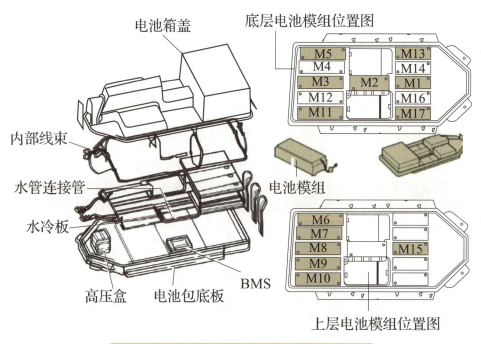

图 2-4　动力电池箱结构

五、车辆举升点

　　动力电池外观与安装检查需要安全举升车辆、穿戴安全防护套装进入车底进行。安全举升车辆首先要找准车辆举升点。一般车辆前举升点位于前车架纵梁和侧车架纵梁之间的连接处（如图 2-5（a）所示）；后举升点位置在后车架纵梁和侧车架纵梁之间的连接处（如图 2-5（b）所示）。

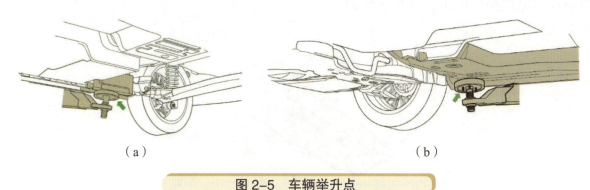

（a）　　　　　　　　　　　　　　　　　　（b）

图 2-5　车辆举升点
（a）前举升点；（b）后举升点

六、动力电池高低压插接器

　　动力电池是整车能量输出源，在动力电池管理器和整车控制器的协同配合下为车辆提供能量。车辆的电能完全来自动力电池，这就导致动力电池既有高压插接器也有低压控制插接器，如图 2-6 所示。在对动力电池进行基本维护保养时应检查高低压插接器连接是否可靠、插接器是否有腐蚀、破损等现象。

低压插件　　　　　　　　高压插件

图2-6　动力电池高、低压插件

七、检查安全注意事项及步骤

1. 断电流程

检查与维护动力电池箱之前应先断开高、低压电，断电流程如下：

（1）关闭点火开关，拔下汽车钥匙。

注意事项：当仪表显示 EAD 时，高压通电，此时切勿拆卸高压部件，否则会有生命危险，因此在检查或维护动力电池箱之前，要确保拔下汽车钥匙，自行收好，并在车上放置工作牌。

（2）拆下低压蓄电池负极，使用绝缘胶带包好，断开整车低压控制电源。由于电动汽车采用了高压互锁装置，即断开低压时，通过低压信号控制能够同时将高压回路切断，所以为安全起见，务必要卸下蓄电池负极。

（3）戴好绝缘手套，断开动力电池高压维修开关。

（4）当车辆举升到需要的高度时，举升机要锁止安全锁。

（5）拆下动力电池总正、总负和低压线束插头。

2. 检查与维护安全注意事项

在进行检查保养前应先进行车辆、工具、资料等方面的准备，如表2-3所示。

表2-3　检查前的准备

车辆、工具 设备准备	①待保养车辆 ②绝缘维修工具套装、工具车 ③零件盒 ④故障诊断仪
资料准备	①维修手册 ②用户手册、保养手册 ③其他资料

续表

其他准备	①工位、隔离带、安全警告标志牌 ②车内防护三件套、车外防护三件套 ③高压绝缘服、绝缘鞋、绝缘手套、护目镜、绝缘帽、绝缘垫 ④擦拭布 ⑤灭火器

任务实施

动力电池外观
与安装检查

一、动力电池箱外观检查

动力电池总成外部检查流程如图 2-7 所示。

外部检查流程

- 将电动汽车钥匙转到OFF位，断开蓄电池负极和动力电池维修开关
- 用万用表检查动力电池电压，若电压大于0，应使用工具进行放电
- 严格按照举升机使用规范举升电动汽车
- 用干布将动力电池表面清洁干净，检查动力电池外观是否受到外界因素影响
- 按照图2-8所示的检查内容，检查动力电池箱外围

图 2-7　动力电池总成外部检查流程

动力电池箱外围保养内容如图 2-8 所示。

1. 电池箱体与车辆底盘的固定螺栓是否紧固
2. 电池箱体与车辆底盘的固定螺栓是否腐蚀/破损
3. 高压插接器公插头与母插头清洁度及是否腐蚀/破损
4. 低压插接器公插头与母插头连接可靠性
5. 低压插接器公插头与母插头清洁度及是否腐蚀/破损
6. 电池箱体是否有划痕/腐蚀/变形/破损
7. 电池下箱体底部防石击胶是否有划痕/腐蚀/破损

图 2-8　动力电池箱外围保养内容

二、检查动力电池螺栓的紧固状态

检查动力电池螺栓是否可靠，用扭力扳手按规定次序和力矩紧固螺栓，按照维修手册要求力矩紧固螺栓，如图2-9所示。

图 2-9　动力电池螺栓紧固力矩检查

三、检查动力电池外部高、低压插接件

检查动力电池外部高、低压插接件线束及插接件连接有无松动、破损、腐蚀等问题，如图 2-10 所示。

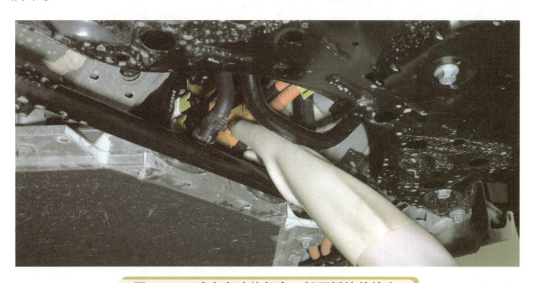

图 2-10　动力电池外部高、低压插接件检查

检查动力电池高、低压插接件是否连接可靠，有无变形、松脱、过热、损坏等情况；检查用电器插件与线束插件是否对插，并检查是否对插到位。

动力电池外观与安装检查工作页

姓名		班级	
实训器材			

一、信息收集

（1）动力电池最重要的特点就是_____和_____。前者意味着具有更大的充放电强度，后者表示拥有更高的质量比能量和体积比能量。

（2）铅酸动力电池使用寿命在深充深放工况下可以达到_____次，锂离子动力电池可以达到_____次以上。

（3）按照动力电池使用寿命的标准定义，电池在其容量衰减到额定容量的_____时，确定为动力电池寿命终结。

（4）动力电池的性能要求有哪些？

（5）电动汽车动力电池的种类主要有铅酸电池、_____、镍氢电池、_____、石墨烯电池等。

（6）动力电池箱体的作用是_____。

（7）动力电池箱体由_____、_____、_____、_____、_____组成。

（8）帝豪 EV450 汽车的动力电池箱体的防护等级是_____。

（9）锂电池的优点有哪些？

（10）动力电池外观检查常见项目有哪些？

（11）回顾举升机操作规程，阐述举升机操作过程中的注意事项。

二、计划制订

根据任务需要在表 1 中填入动力电池外观与安装检查需要准备的检测仪器和工具。将计划填入表 2 中。

表1　检测工具和仪器

序号	仪器、工具名称	数量	清点情况
			□已清点 □未清点
			□已清点 □未清点
			□已清点 □未清点
			□已清点 □未清点

表2　工作计划

序号	步骤	操作方法及说明	质量标准与记录

三、计划实施

佩戴好安全帽、护目镜和防护手套，进入车底清洁动力电池外壳，对动力电池外观进行检查并记录结果。

检查项目	详情	检查结果
动力电池外观检查	动力电池壳体是否有划痕、腐蚀、变形及破损现象	□正常 □异常
动力电池安装检查	动力电池紧固螺栓是否可靠，紧固力矩是否正常	□正常 □异常
动力电池高低压插接件检查	动力电池高压插接器清洁度、腐蚀、破损	□正常 □异常
	动力电池低压插接器清洁度、腐蚀、破损	□正常 □异常

任务评价

考核评分细则

序号	评分项	得分条件	分值	评分要求	自评	互评	师评
1	安全 / "5S" 意识	□ 1. 能正确进行工位 "5S" 操作 □ 2. 能确认设备工具是否正常 □ 3. 能正确固定车辆 □ 4. 能进行工具清洁、校准、存放操作 □ 5. 能进行三不落操作	15	未完成1项扣3分	□熟练 □一般 □不熟练	□熟练 □一般 □不熟练	□优秀 □合格 □不合格
2	专业技能能力	□ 1. 能正确进行动力电池外观检查 □ 2. 能正确进行动力电池安装检查 □ 3. 能正确进行动力电池高低压插接器检查	60	未完成1项扣20分	□熟练 □一般 □不熟练	□熟练 □一般 □不熟练	□优秀 □合格 □不合格
3	资料信息查询能力	□ 1. 能正确使用用户手册查询动力电池定期维护项目 □ 2. 能正确使用维修手册查询动力电池高低压插接器资料	10	未完成1项扣5分	□熟练 □一般 □不熟练	□熟练 □一般 □不熟练	□优秀 □合格 □不合格
4	数据判断分析能力	□ 1. 能正确判断动力电池外观、安装及温度检查是否满足要求 □ 2. 能正确判断动力电池高低压插接件是否连接可靠	10	未完成1项扣5分	□熟练 □一般 □不熟练	□熟练 □一般 □不熟练	□优秀 □合格 □不合格
5	表单填写与报告的撰写能力	□ 1. 字迹清晰 □ 2. 语句通顺 □ 3. 无错别字 □ 4. 无涂改 □ 5. 无抄袭	5	未完成1项扣1分	□熟练 □一般 □不熟练	□熟练 □一般 □不熟练	□优秀 □合格 □不合格
总分:							

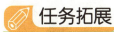
任务拓展

比亚迪刀片电池是什么电池？

　　所谓的"刀片电池"其实是比亚迪磷酸铁锂离子电池，又称超级磷酸铁锂离子电池。比亚迪的刀片电池是一种长电芯方案（基于方形铝壳来做的电池），在比亚迪原有的电芯的尺寸基础上（比亚迪之前在用的比较多的是173和148两种），通过对电芯的厚度减薄，并增大电芯的长度，将电芯进行扁长化设计并且予以减薄设计。

　　传统的动力锂电池电芯采用圆柱体设计，通过封装成电池包然后形成电池组。不过"刀片电池"采用的是长度大于0.6 m的大电芯，可以实现无模组直接集成为电池包（CTp技术），如图2-11所示。相比起传统的动力锂电池，"刀片电池"可以提高电池包的空间利用率和能量密度。另外，由于"刀片电池"的电芯具有更大的散热面积，可以将更多的热量从内部传导到外部，能够匹配较高的能量密度。

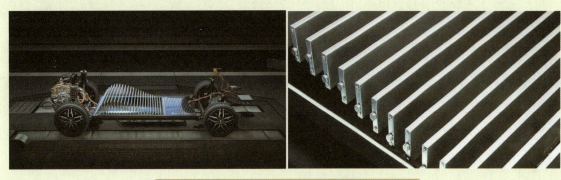

图2-11　刀片电池示意图

　　对比亚迪来说，"刀片电池"还具有更深层次的战略意义。磷酸铁锂离子电池相比三元锂离子电池在能量密度方面具有先天劣势，这也是三元锂离子电池越来越受欢迎的一大原因。但是相比三元锂离子电池，磷酸铁锂离子电池具有安全性高、使用寿命长等优势。现如今"刀片电池"有效弱化了磷酸铁锂离子电池能量密度低的缺点，未来的应用前景也会更加广阔。对比亚迪来说，磷酸铁锂离子电池是它的强项所在，"刀片电池"让它如虎添翼。

任务二 动力电池性能检查

任务引入

一辆 2018 款吉利帝豪 EV450 电动汽车因动力电池组损坏而无法运行，你的主管要求你进行测量动力电池相关的数据。作为 4S 店的维修技师，在接到这个任务后你应该如何做好动力电池性能的检查呢？

任务分析

动力电池性能是影响车辆续航里程的重要因素，在进行动力电池系统检查时应进行性能检查操作。性能检查包括工作温度、工作电压、工作电流等方面的检查。动力电池工作温度检查可通过非接触式测温仪进行。工作温度、工作电压和工作电流检查可以通过故障诊断仪读取数据流的形式进行。

知识储备

在探讨电池及其组合体的结构逻辑时，常常会遇到电池单体、电池模组与电池包概念上的混淆，如图 2-12。电池单体构成了电池包的基础单元，通过多个电池单体的并联或混联组合形成电池模组，进而多个电池模组通过串联方式结合，并与电子电器系统协同工作，共同构成了完整的电池包。

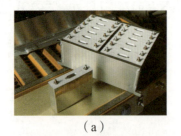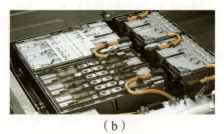

（a）　　　　　　　　　　（b）

图 2-12　电池芯、电池模组与电池包三者之间的关系
（a）电池单体、电池模组；（b）电池包

一、电池单体 (cell)

电池单体也称电池芯，是直接将化学能转化为电能的基本装置和基本单元，是构成电池的基本组件，包括电极、隔膜、电解质和外壳等。

二、电池模组 (battery module)

电池模组可以理解为电池芯经串并联方式组合，加装单体电池监控与管理装置后形成的电池芯与电池包的中间产品。

三、电池包 (battery pack)

电池包也常称为电池组，是由多块电池通过串联或并联构成的一个存储电能或对外输出电能的部件。通常意义上的电池包还包括动力电池管理系统、电池箱等元器件。

利用机械结构将众多电池单体通过串并联的方式连接起来，并结合系统机械强度、热管理、BMS 匹配等技术，形成电池包系统。其主要的技术体现在整体结构设计、焊接和加工工艺控制、防护等级、主动热管理系统等方面，目前国内电池包大多采用简单的风冷散热和主动液体冷却系统，技术壁垒也相对较低。

混合动力汽车和纯电动汽车的动力电池组是由电池模组组成的。根据电池模组设计类型不同，其电池单体部件有两种连接方式：电池单体互相串联，能实现输出电压最大化；或者电池单体互相并联，能实现输出电流最大化。

当所需电压比实际电池电压高时，则需将电池单元串联起来：即某个电池单体或电池模组的正极连接另外一个电池单体或电池模组的负极，以此类推。电池的总电压与电池单体的电压之和相同，如图 2-13 所示，总电压 $U_{gcs} = U_1 + U_2 + U_3$。

串联电池组中的每个电池单体的开路电压为 U，内阻为 R_i，N 个电池单体串联组成的电池组的电压为 NU，电池组的总内阻为 NR_i。

电池并联可以提高电池组的电容量，电池组电压则保持不变。电池组的性能通常比电池单体性能差，如图 2-14 所示，$U_{gcs} = U_1 = U_2 = U_3$。

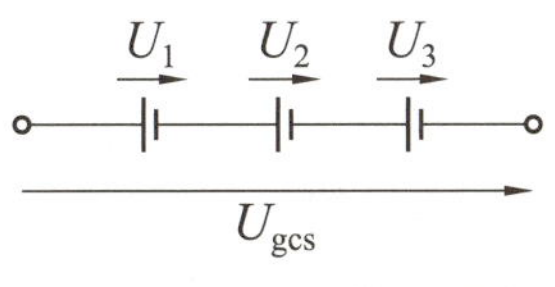

图 2-13　电池的串联

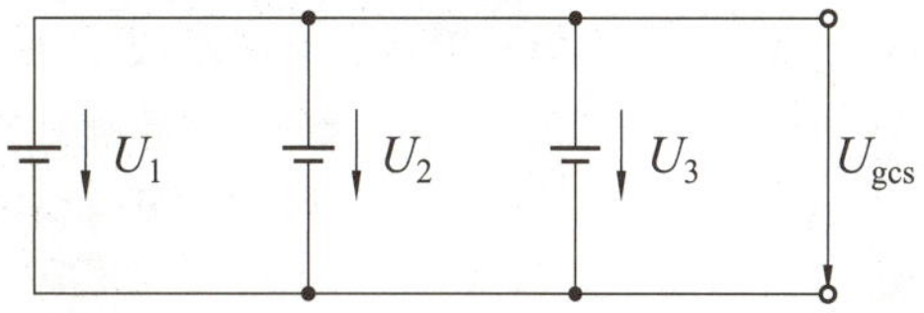

图 2-14　电池的并联

某些带充电系统的电动汽车（插电式混合动力和纯电动汽车），则采用混连的方式将电池单元组成动力电池组，可同时增加电池的电压和容量，以满足电动汽车的动力需求。例如，雪佛兰沃蓝达的动力电池组就是由 96 块电池模组串联而成的，其中每块电池模组又包括 3 个并联的 3.7 V 电池单体。由于每个并联的电池单体输出电压为 3.7 V，全部 96 组电池模组的总输出电压大约是 355 V。

**任务实施**

动力电池工作
状态检查

一、电池单体电压检查

电池单体电压的检查通常通过读取动力电池管理系统数据流的方法进行。

动力电池管理系统数据流读取步骤：连接解码仪→选择车型→选择诊断项目→选择控制单元→选择动力模块→选择电池管理系统→（功能菜单里）选择读取数据流。

电池管理器数据流包含：电池组状态、使用情况、充放电状态，对分析车辆故障有很大的帮助。动力电池管理系统数据流及说明如图 2-15 所示。

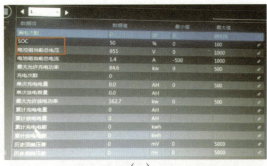

（a）

SOC
　└→当前剩余电量
电池组当前总电压
　└→电池组当前实际电压数值

（b）

绝缘阻值
　└→不小于电池组当前电压×500 Ω
预充状态
　└→确认预充是否完成
高压互锁1
　└→高压回路连接状态监测

（c）

最低电压电池编号
最低单节电池电压
最高电压电池编号
最高单节电池电压
　└→该组数据可用来判定电池充电跳变，放电过快等故障

图 2-15　动力电池管理系统数据流及说明
（a）电池组状态；（b）电池使用情况；（c）充放电状态

二、动力电池温度检查

使用非接触式测温仪：将测温仪电源打开，测量头对准动力电池待测部位，按下测量开关，等待测温仪显示器显示测量温度。

这种测量方式只能测量动力电池组表面温度，而不能测量到单体电池温度。测量单体电池或电池模组温度需要使用故障诊断仪，读取动力电池系统数据流，步骤如下：

检查前先安全降下车辆，并完成高压上电操作。

（1）取出故障诊断仪，按要求连接故障诊断仪，如图 2-16 所示。

（2）打开车门，在驾驶室仪表台的下方找到 OBD 诊断接口，并将故障诊断仪连接到 OBD 诊断接口上，如图 2-17 所示。

图 2-16　故障诊断仪连接

图 2-17　故障诊断仪与 OBD 诊断接口连接

（3）打开点火开关，打开故障诊断仪电源，依次进入"诊断→选择品牌→选择车型诊断→选择品牌→控制单元诊断→电池管理系统→读数据流"选项，待故障诊断仪与车辆通信完成后，在显示屏幕中查看电池模组温度，如图 2-18 所示。

图 2-18　电池模组温度显示

三、动力电池系统故障码读取与清除

（1）先组装故障诊断仪，如图 2-19 所示（依故障诊断仪品牌不同，其组装方法请参照相关使用说明）。车辆启动开关调至 OFF 状态。

（2）在驾驶室仪表台下方找到 OBD 诊断接口，连接故障诊断仪，如图 2-20 所示。

图 2-19　组装故障诊断仪

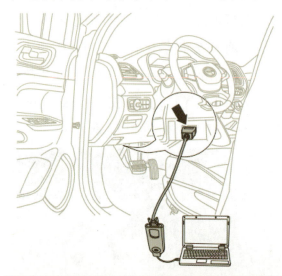

图 2-20　连接故障诊断仪到 OBD 诊断接口上

（3）打开故障诊断仪电源开关，选择"诊断"进入车型选择界面，选择当前待检测品牌及型号，如图 2-21 所示。

图 2-21　选择"诊断"进入车型选择界面

（4）在图 2-22 所示功能选择界面中选择"诊断"，进入图 2-23 扫描方式选择界面，此界面中有"自动扫描"和"控制单元"两个选项，选择"自动扫描"功能，故障诊断仪进行全车电控单元逐一扫描；"控制单元"选项则允许手动选择需要扫描的控制单元。

图 2-22　功能选择界面

图 2-23　扫描方式选择界面

（5）执行自动扫描程序，整车控制单元扫描完成后，有故障的控制单元将以红色显示，如图 2-24 所示。为了防止电控单元记录偶发故障从而影响诊断的准确性，先清除故障码，如图 2-25 所示。故障码清除后诊断仪会重新自动扫描，有故障的电控单元将被记录。

图 2-24　故障码扫描显示

图 2-25　清除故障码选项

（6）点击有故障码标识的控制单元，进入图 2-26 所示界面，在此界面中选择"读故障码"进入图 2-27 所示故障码详情显示界面。

图 2-26　功能选择界面

图 2-27　故障码详情显示界面

（7）参考故障诊断表，根据故障码显示详情进行故障诊断排除。

动力电池性能检查工作页

姓名		班级	
实训器材			

一、信息收集

（1）动力电池性能检查包含_____、_____、_____等。

（2）电池单体也称_____，是指直接将_____转化为电能的基本装置和基本单元，是构成电池的基本组件，包括_____、_____、_____和外壳等。

（3）电池模组可以理解为电池芯经_____方式组合，加装_____装置后形成的电池芯与电池包的中间产品。

（4）电池并联可以提高电池组的_____，电池组_____则保持不变。

（5）动力电池管理系统数据流读取步骤：_____→选择车型→选择诊断项目→选择控制单元→_____→_____→（功能菜单里）选择读取数据流。

（6）帝豪EV450动力电池属于_____类型，额定电压为_____，额定容量为_____，总能量为_____。

（7）动力电池性能检查包括_____、_____、_____等检查。

（8）动力电池工作温度检查可通过_____。工作温度、工作电压和工作电流检查还可以通过_____读取数据流的形式进行。

（9）动力电池数据流和故障码读取过程是怎样的？

二、计划制订

根据任务需要在表1中填入动力电池性能检查需要准备的检测仪器和工具。将工作计划填入表2中。

表1　检测工具和仪器

序号	仪器、工具名称	数量	清点情况
			□已清点 □未清点
			□已清点 □未清点
			□已清点 □未清点
			□已清点 □未清点

表2　工作计划

序号	步骤	操作方法及说明	质量标准与记录

三、计划实施

检查项目	详情	记录结果
动力电池单体电压检查	故障诊断仪检测电池单体电压	最高电压电池标号_____ 最高电压电池_____ 最低电压电池标号_____ 最低电压电池_____
动力电池工作温度检查	读取数据流或使用测温仪测量工作温度	工作温度_____
动力电池工作电压检查	读取数据流检查动力电池总电压	总电压_____
动力电池故障码读取	读取系统故障码，清除后还有无故障码	故障码记录_____

 任务评价

考核评分细则

序号	评分项	得分条件	分值	评分要求	自评	互评	师评
1	安全/"5S"意识	☐ 1. 能正确进行工位"5S"操作 ☐ 2. 能确认设备工具是否正常 ☐ 3. 能正确固定车辆 ☐ 4. 能进行工具清洁、校准、存放操作 ☐ 5. 能进行三不落操作	15	未完成1项扣3分	☐熟练 ☐一般 ☐不熟练	☐熟练 ☐一般 ☐不熟练	☐优秀 ☐合格 ☐不合格
2	专业技能能力	☐ 1. 能正确识别电池单体 ☐ 2. 能正确识别电池组 ☐ 3. 能正确进行电池单体电压测量 ☐ 4. 能正确进行动力电池工作温度检查 ☐ 5 能正确进行动力电池工作电压检查 ☐ 6. 能正确进行动力电池系统故障码读取与清除	60	未完成1项扣10分	☐熟练 ☐一般 ☐不熟练	☐熟练 ☐一般 ☐不熟练	☐优秀 ☐合格 ☐不合格
3	资料信息查询能力	☐ 1. 能正确使用维修手册查询动力电池数据流读取方法 ☐ 2. 能正确使用维修手册查询动力电池故障码读取方法	10	未完成1项扣5分	☐熟练 ☐一般 ☐不熟练	☐熟练 ☐一般 ☐不熟练	☐优秀 ☐合格 ☐不合格
4	数据判断分析能力	☐ 1. 能正确判断动力电池工作温度、工作电压是否满足要求 ☐ 2. 能正确判断动力电池系统故障码	10	未完成1项扣5分	☐熟练 ☐一般 ☐不熟练	☐熟练 ☐一般 ☐不熟练	☐优秀 ☐合格 ☐不合格
5	表单填写与报告的撰写能力	☐ 1. 字迹清晰 ☐ 2. 语句通顺 ☐ 3. 无错别字 ☐ 4. 无涂改 ☐ 5. 无抄袭	5	未完成1项扣1分	☐熟练 ☐一般 ☐不熟练	☐熟练 ☐一般 ☐不熟练	☐优秀 ☐合格 ☐不合格
总分：							

任务拓展

宁德时代推出麒麟电池，彻底改变汽车能源格局

　　宁德时代发布了一款名为"麒麟电池"的产品，给全球的汽车市场带来巨大的变化！在 2023 年 7 月 25 日的半年度报告中，公司在研发上的投资达到了 98.5 亿人民币，较上年同期增加了 70.77%。麒麟电池采用了电芯大面积冷却技术，帮助 CLTC 系统实现了 1 000 公里以上的续航里程；推出了新型的、高安全性、轻质的固态电池；发布自主研发的 4 C 麒麟电池及首款钠离子电池，推动 M3P 技术的产业化进程。

　　麒麟电池系统集成度创新高，体积利用率突破 72%，能量密度可达 255 Wh/kg，并支持 5 分钟热启动及 10 分钟快充，轻松实现整车 1000 公里续航。

　　麒麟电池体积更小，成本更低，使用时间更长，性能优于市场上现有的任何一种电池。麒麟电池在快速充电方面的应用越来越广泛，为用户提供更高效率的旅行体验。

任务三　动力电池绝缘值检查

任务引入

　　一辆 2018 款吉利帝豪 EV450 电动汽车近期有过涉水行驶的行程，不知道是否会影响动力电池的绝缘性，于是车主驱车到 4S 店咨询售后顾问。为了确保车辆的正常行驶，售后顾问建议及时检查动力电池是否存在故障或安全隐患。作为 4S 店的维修技师，在接到这个任务后你应该如何做好动力电池的检查呢？

任务分析

　　在正常情况下，电动汽车的高压系统是一个封闭的系统，对车体是完全绝缘的。由于电动汽车工作环境复杂，车辆的振动、高温环境、湿度的急剧变化、酸碱气体的腐蚀都有可能会使电动汽车的绝缘层遭到破坏，使整车绝缘性能下降，导致车体漏电。

在漏电情况下，动力电池的正、负极引线会通过绝缘层与车辆的底盘构成漏电流回路，使车辆的底盘电位升高，影响低压电器和车辆上的 ECU 的正常工作。现在的电动汽车的工作电压通常为 400~500 V，有些主机厂已推出 800 V 高压系统，如果发生绝缘问题，可能危及驾驶人和乘客的人身安全。

动力电池的绝缘值检测是确保高压安全的重要举措。

根据国家标准 GB 18384—2020《电动汽车安全要求》条款 5.1.4.1 绝缘电阻要求规定，在最大工作电压下，直流电路绝缘电阻应不小于 100 Ω/V，交流电路应不小于 50 Ω/V。如果直流和交流的 B 级电压电路可导电的连接在一起，则应满足绝缘电阻不小于 500 Ω/V 的要求。

任务实施

一、动力电池及绝缘值检测

进行动力电池绝缘值检查前，首先进行高压下电操作；再按照规范安全举升车辆。佩戴安全帽、护目镜、防护手套进入车底检查。

（1）断开动力电池端直流母线插接器，如图 2-28 所示。

（2）打开绝缘测试仪电源开关，调节测试电压至 1 000 V 挡位，如图 2-29 所示。

图 2-28　断开动力电池高压插接器

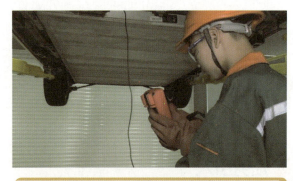

图 2-29　调节绝缘测试仪测量电压

（3）如图 2-30 所示，将绝缘测试仪黑色表笔夹子夹在车身可靠搭铁上；红色表笔与动力电池正极柱可靠接触，并按压 TEST（测试）按钮，开始测试，如图 2-31 所示。

图 2-30　绝缘测试仪黑表笔可靠搭铁

图 2-31　红表笔接测试端子并开始测量

（4）待绝缘测试仪屏幕显示稳定后即可得到测量值，如图 2-32 所示，动力电池绝缘阻值一般 ≥ 50 MΩ。

图 2-32　测量结果显示

注意：绝缘电阻测试时间一般不应超过 15 s，以免烧毁绝缘测试仪。

（5）采用同样的方法测量动力电池负极与车身搭铁之间的绝缘电阻。测量结束后，先关闭绝缘测试仪的电源开关，再从车身搭铁上取下负极夹子。

动力电池绝缘值检查工作页

姓名		班级	
实训器材			

一、信息收集

（1）由于电动汽车工作环境复杂，车辆的振动、高温环境、湿度的急剧变化、酸碱气体的腐蚀都有可能会使电动汽车的＿＿＿＿＿＿遭到破坏，使整车＿＿＿＿＿＿下降，导致车体漏电。

（2）国家标准 GB 18384—2020《电动汽车安全要求》条款 5.1.4.1 绝缘电阻要求规定，在最大工作电压下，直流电路绝缘电阻应不小于＿＿＿＿＿＿，交流电路应不小于＿＿＿＿＿＿。

（3）纯电动汽车常用的线束包扎材料有＿＿＿＿＿＿、＿＿＿＿＿＿和＿＿＿＿＿＿。

（4）使用绝缘测试仪检测动力电池绝缘值时，应将绝缘测试仪黑色表笔夹子夹在＿＿＿＿＿＿；红色表笔与动力电池＿＿＿＿＿＿或者＿＿＿＿＿＿可靠接触，并按压 TEST（测试）按钮，开始测试。

（5）绝缘电阻测试时间一般不应超过＿＿＿＿＿＿s，以免烧毁绝缘测试仪。

二、计划制订

根据任务需要在表 1 中填入动力电池绝缘值检查需要准备的检测仪器和工具。将工作计划填入表 2 中。

表1　检测工具和仪器

序号	仪器、工具名称	数量	清点情况
			□已清点 □未清点
			□已清点 □未清点
			□已清点 □未清点
			□已清点 □未清点

表2　工作计划

序号	步骤	操作方法及说明	质量标准与记录

三、计划实施

检查项目	详情	记录结果
高压断电、验电	断开动力电池端直流母线插接器，等待5 min以上，使用万用表查验直流母线正负极电压	电压＿＿＿＿
绝缘电阻测试	打开绝缘测试仪电源开关，调节测试电压	测试电压＿＿＿
	将绝缘测试仪黑色表笔夹子夹在车身可靠搭铁上	□完成 □未完成
	红色表笔与动力电池正极柱可靠接触	□完成 □未完成
	并按压TEST（测试）按钮，开始测试，待绝缘测试仪屏幕显示稳定后记录测量值	测量值＿＿＿

 任务评价

考核评分细则

序号	评分项	得分条件	分值	评分要求	自评	互评	师评
1	安全/"5S"意识	□ 1. 能正确进行工位"5S"操作 □ 2. 能确认设备工具是否正常 □ 3. 能正确固定车辆 □ 4. 能进行工具清洁、校准、存放操作 □ 5. 能进行三不落操作	15	未完成1项扣3分	□熟练 □一般 □不熟练	□熟练 □一般 □不熟练	□优秀 □合格 □不合格
2	专业技能能力	□ 1. 能正确进行高压断电和验电操作 □ 2. 能正确进行动力电池绝缘电阻检查	60	未完成1项扣30分	□熟练 □一般 □不熟练	□熟练 □一般 □不熟练	□优秀 □合格 □不合格
3	资料信息查询能力	□ 1. 能正确查询绝缘电阻测试仪的使用方法 □ 2. 能正确使用维修手册查询动力电池标准绝缘值	10	未完成1项扣5分	□熟练 □一般 □不熟练	□熟练 □一般 □不熟练	□优秀 □合格 □不合格
4	数据判断分析能力	□ 能正确判断动力电池绝缘值检查是否满足要求	10	未完成1项扣10分	□熟练 □一般 □不熟练	□熟练 □一般 □不熟练	□优秀 □合格 □不合格
5	表单填写与报告的撰写能力	□ 1. 字迹清晰 □ 2. 语句通顺 □ 3. 无错别字 □ 4. 无涂改 □ 5. 无抄袭	5	未完成1项扣1分	□熟练 □一般 □不熟练	□熟练 □一般 □不熟练	□优秀 □合格 □不合格
总分:							

 任务拓展

　　动力电池绝缘值检查可以评估电池系统的绝缘性能和安全性，确保电池系统在正常工作时不会发生漏电或电流泄漏等问题。动力电池绝缘值检查的重要意义有：

　　1. 安全性保障

　　动力电池系统中的绝缘性能直接关系到电池系统的安全性。如果电池系统的绝缘性能不足，可能会导致电池系统发生漏电或电流泄漏等问题，增加火灾、爆炸等安全风险。通过定期检查电池系统的绝缘值，可以及时发现和解决绝缘性能不足的问题，确保电池系统的安全运行。

2. 效率提升

电池系统的绝缘性能直接关系到电池系统的能量转换效率。如果电池系统的绝缘性能不足，可能会导致能量的漏失和电流的泄漏，降低电池系统的能量转换效率。通过检查电池系统的绝缘值，可以评估电池系统的绝缘性能，及时发现并解决绝缘性能不足的问题，提高电池系统的能量转换效率。

3. 延长电池寿命

电池系统的绝缘性能也会影响电池的寿命。如果电池系统的绝缘性能不足，可能会导致电池系统发生电流泄漏等问题，加速电池的老化和损坏。通过检查电池系统的绝缘值，可以评估电池系统的绝缘性能，及时发现并解决绝缘性能不足的问题，延长电池的使用寿命。

定期进行电池绝缘值检查是保障电池系统安全和性能的重要措施，也是延长电池寿命和提高能量转换效率的关键步骤。

任务四 高压互锁检查

任务引入

一辆 2018 款吉利帝豪 EV450 电动汽车在行驶途中在电量充足情况下逐渐失去动力，仪表盘提示报警，于是车主联系 4S 店咨询售后顾问。售后顾问建议检查动力电池高压互锁系统是否存在故障。作为 4S 店的维修技师，在接到这个任务后你应该如何做好动力电池高压互锁系统的检查呢？

任务分析

高压互锁（High Voltage Inter-lock，HVIL），也叫危险电压互锁回路。是指通过使用低压信号来检查电动汽车上所有与高压母线相连的各分路，包括动力电池、驱动电机、电机控制器、高压配电盒等电气回路连接完整性的一种安全设计。理论上高压互锁回路要比高压先接通、后断开，且须间隔一定的时长。

当整车控制器监测到高压系统某一用电设备插接器出现异常断开、接触不良时，整车控制器通过 CAN 总线反馈给动力电池管理器，动力电池管理器立刻断开高压电输出。

 **知识储备**

一、高压互锁概述

根据国际标准 ISO 6469-3：2021《电动道路车辆　安全规范　第 3 部分：电气安全》中的规定，汽车上的高压电部件应具有高压互锁装置。高压互锁是电动汽车上一种利用低电压信号监测高电压回路完整性的安全设计措施，其作用是在高压互锁回路接通或断开的同时，电源控制器接收反馈信号，进而控制高压电路的通断。

纯电动汽车高压互锁回路有串联与并联两种形式，其中串联形式如图 2-33 所示，并联形式如图 2-34 所示。

高压互锁串联控制回路由整车控制器发出，将压缩机、车载充电机、高压控制盒、DC/DC 转换器、PTC（正温度系数热敏电阻加热器）本体串联起来并搭铁。整车控制器与动力电池管理系统、电机控制器之间通过 CAN-L 和 CAN-H 进行通信。

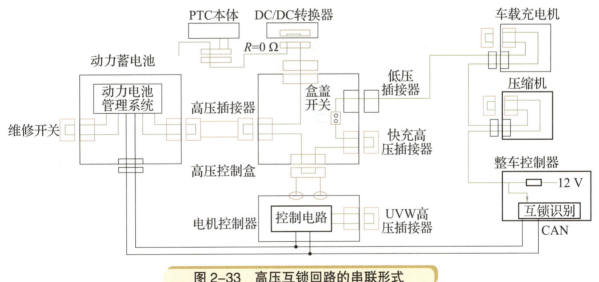

图 2-33　高压互锁回路的串联形式

高压互锁并联回路由电机控制器发出，通过并联的形式将压缩机线束插接器、车载充电机插接器、PTC 线束插接器、动力蓄电池电缆插接器、快充插接器等连接在一起。当以上插接器的任何一个断开时，电机控制器都将接收到反馈信号并对整车断电。当快充接口、电机三相接口等高压插接器断开时，高压互锁回路同步断开，进而使整车高压断电，避免了因为高压部件裸露在外造成的触电风险。

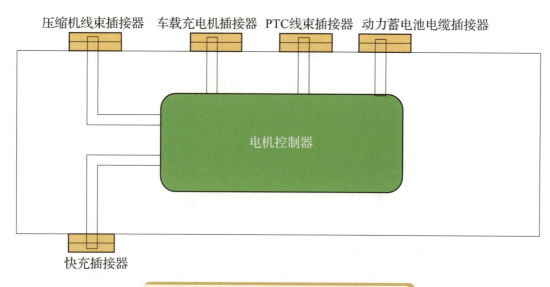

压缩机线束插接器　车载充电机插接器　PTC线束插接器　动力蓄电池电缆插接器

电机控制器

快充插接器

图 2-34　高压互锁回路的并联形式

　　总之，高压互锁回路形成一个闭环检测系统，一旦低压检测电路出现问题，则整车控制器判断为故障，将断开预充继电器、主正继电器、主负继电器的供电，动力蓄电池将无法为整车提供高压电，此时往往需要检修高电压元件。高电压元件包括动力蓄电池、高压接线盒、电机控制器、驱动电机、DC/DC 转换器、快充插接器、慢充插接器、车载充电机、压缩机、高压线束等。

二、高压互锁的常见故障

1. 互锁开关失效导致开路

　　在安装高压部件盖板的过程中，如果装配人员在未装配到位的情况下强行推动盖板，可能会将高压互锁弹片压弯，进而导致高压部件盖板关闭后，互锁回路开关不能完全闭合。这种故障产生的原因一般是装配人员移动盖板的方向与互锁开关的朝向不一致。

2. 端子退针导致开路

　　高压互锁回路中低压线束和高压设备上的端子都可能发生退针，进而导致接触不良。端子退针导致的接触不良问题一般是在诊断过程中使用尺寸不合适的探针造成的。这就说明，在进行故障原因排查时，如果探针直径较大，可能会造成端子接触不良。

3. 对地短路

　　如果高压互锁回路发生对地短路也会导致高压互锁故障，进而无法高压上电。一般来说，如果报高压互锁开路故障，但是通过测试却发现高压互锁回路是导通的，测试结果与所报故障矛盾，这种情况一般是互锁回路对地短路造成的。此时通过测试可以发现高压互锁回路与车身之间也是导通的。

4. 动力蓄电池内部故障

　　如果整车报高压互锁回路故障，而经过检测高压互锁回路线束完好，并且没有对地短路的情况，那么可以继续排查动力蓄电池是否存在内部故障。

任务实施

一、高压互锁检查

1. 高压互锁识别

（1）断开交流充电接口高压互锁插接器，观察高压互锁端子，如图2-35所示。

图2-35　交流充电接口高压互锁插接器实物

（2）断开电动压缩机接口高压互锁插接器，观察高压互锁端子，如图2-36所示。

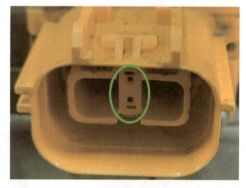

图2-36　电动压缩机接口高压互锁插接器实物

其他互锁端子不一一展示。

2. 高压互锁测量

以交流充电插接器为例讲解测量过程。全程注意安全防护。

（1）按照标准流程进行整车高压下电。

（2）拆下交流充电插接器。

（3）调整万用表至电阻挡并校表，如图2-37所示。

（4）测量交流充电插接器线束端的两互锁端子之间电阻并记录，如图2-38所示。

图2-37　调整万用表至电阻挡

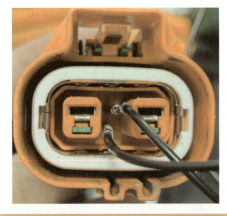

图2-38　测量线束端互锁端子间电阻

（5）使用插针（这里使用简易插针）测量交流充电插接器（车载充电机端）的两互锁端子间电阻并记录，如图2-39所示。

（6）连接低压蓄电池负极并打开启动停止按键，如图2-40所示。

图2-39　测量互锁端子间电阻

图2-40　连接低压蓄电池负极并打开启动停止按键

（7）调整万用表至直流电压挡，测量交流充电插接器互锁端子输出端与车身接地之间的输出电压并记录，如图2-41所示。

（8）使用短接工具（这里使用简易短接工具——铜丝进行演示）短接互锁端子，模拟快充插接器PEU端的两互锁端子闭合状态，测量其与车身接地之间的电压并记录，如图2-42所示。

图2-41　测量互锁端子间的电压

图2-42　模拟互锁端子闭合状态并测量电压

（9）恢复车辆，按照标准流程进行整车上电。读取数据流并清除故障代码。

二、高压互锁故障诊断

吉利帝豪EV450高压互锁电路如图2-43所示。若高压互锁出现故障则控制系统报表2-4所示的故障代码。

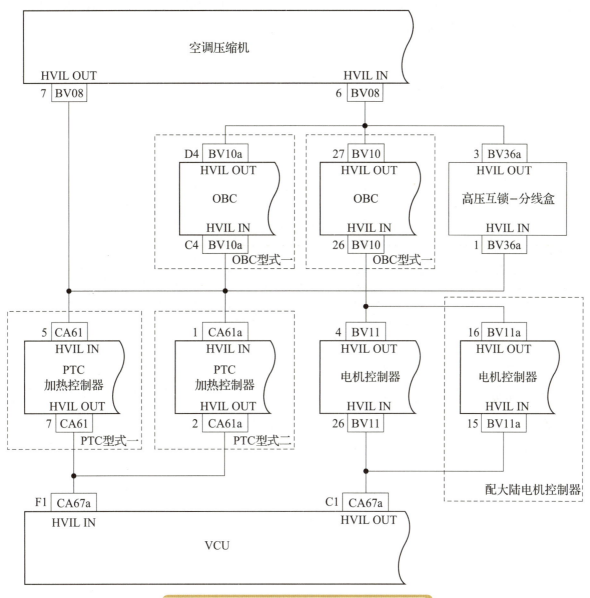

图 2-43　吉利帝豪 EV450 高压互锁电路

表 2-4　高压互锁故障代码

故障代码	说明
P1C4096	高压互锁故障
P1C8C04	高压互锁 PWM 输出信号对电源短路
P1C8D04	高压互锁 PWM 输出信号对地短路
P1C8E04	高压互锁 PWM 输出信号开路

步骤 1：使用故障诊断仪读取电机控制器。

（1）操作启动开关至 ON 状态。

（2）连接故障诊断仪，读取系统故障代码。

（3）确认系统是否存在故障代码。

如果存在故障代码，则根据输出的 DTC 优先处理电机控制器故障；否则进入步骤 2。

步骤 2：检查电机控制器线路是否正常。

（1）操作启动开关至 OFF 状态。

（2）断开蓄电池负极电缆，并等待至少 90 s 以上。

（3）断开 VCU 线束连接器 CA67a。

（4）断开电机控制器线束连接器 BV11。

（5）断开充电机线束连接器 BV10。

（6）使用万用表根据表 2-5 所示测量各端子。

表 2-5　测试端子及数据

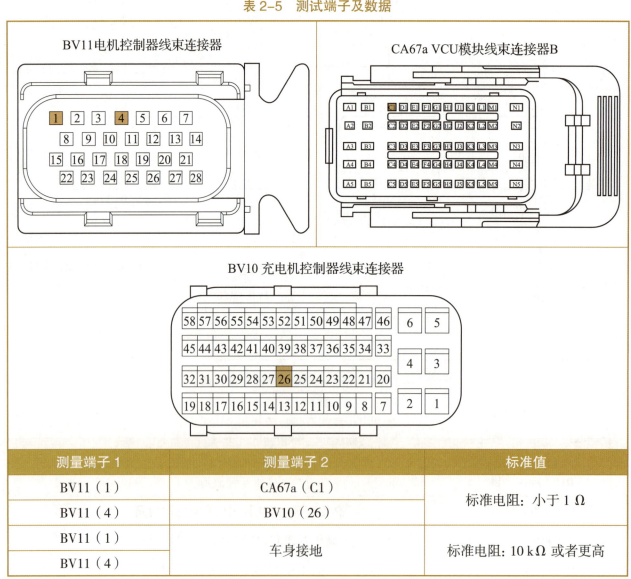

测量端子 1	测量端子 2	标准值
BV11（1）	CA67a（C1）	标准电阻：小于 1 Ω
BV11（4）	BV10（26）	
BV11（1）	车身接地	标准电阻：10 kΩ 或者更高
BV11（4）		

（7）操作启动开关使电源模式至 ON 状态。

（8）使用万用表根据表 2-6 所示测量各端子。

表 2-6 测试端子及数据

测量端子 1	测量端子 2	标准值
BV11（1）	车身接地	标准电压：0 V
BV11（4）		

（9）确认测量值是否符合标准值。

如果测量值符合标准值，则修理或更换线束；否则进入步骤 3。

步骤 3：检查 PTC 加热控制器线路。

（1）操作启动开关至 OFF 状态。

（2）断开蓄电池负极电缆，并等待至少 90 s 以上。

（3）断开 VCU 线束连接器 CA67a。

（4）断开 PTC 加热控制器线束连接器 CA61。

（5）断开空调压缩机线束连接器 BV08。

（6）使用万用表根据表 2-7 所示测量各端子。

表 2-7 测试端子及数据

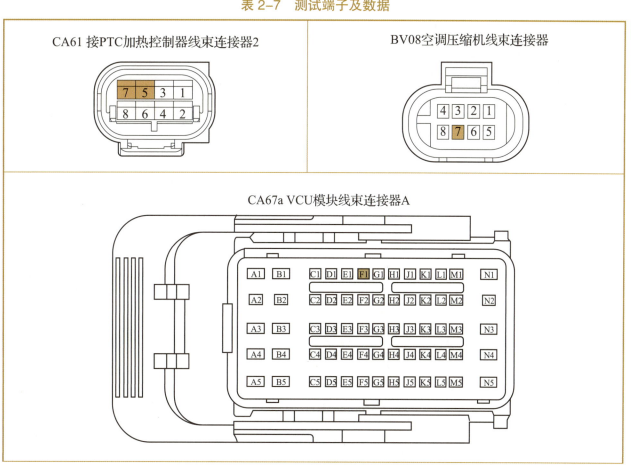

续表

测量端子 1	测量端子 2	标准值
CA61（5）	BV08（7）	标准电阻：小于 1 Ω
CA61（7）	CA67a（F1）	
CA61（5）	车身接地	标准电阻：10 kΩ 或者更高
CA61（7）		

（7）操作启动开关使电源模式至 ON 状态。

（8）使用万用表根据表 2-8 测量各端子：

表 2-8　测试端子及数据

测量端子 1	测量端子 2	标准值
CA61（5）	车身接地	标准电压：0 V
CA61（7）		

确认测量值是否符合标准。

如果测量值符合标准值则进入步骤 4；否则修理或更换线束。

步骤 4：检查空调压缩机高压互锁故障。

（1）操作启动开关至 OFF 状态。

（2）检查空调压缩机正负极接插件是否松动或互锁线路断路。

如果空调压缩机正负极接插件松动或互锁线路断路，则进入步骤 5；否则修理或更换线束。

步骤 5：更换 VCU。

（1）操作启动开关至 OFF 状态。

（2）断开蓄电池负极电缆。

（3）更换 VCU。

（4）确认故障排除。

高压互锁检查工作页

姓名		班级	
实训器材			

一、信息收集

（1）高压互锁是电动汽车上一种利用＿＿＿＿＿＿＿监测＿＿＿＿＿＿＿完整性的安全设计措施，其作用：在高压互锁回路接通或断开的同时，电池管理器接收反馈信号进而控制＿＿＿＿＿＿＿的通断。

（2）高压互锁回路形成一个＿＿＿＿＿＿＿检测系统，一旦低压检测电路出现问题，则整车控制器判断为故障，动力电池管理器将断开＿＿＿＿＿＿＿、＿＿＿＿＿＿＿、主负继电器的供电，动力电池将无法为整车提供高压电。

（3）纯电动汽车高压互锁回路有＿＿＿＿＿＿＿与＿＿＿＿＿＿＿两种形式。

（4）检修高电压元件包括动力＿＿＿＿＿＿＿、＿＿＿＿＿＿＿、＿＿＿＿＿＿＿、＿＿＿＿＿＿＿、＿＿＿＿＿＿＿、＿＿＿＿＿＿＿、＿＿＿＿＿＿＿、＿＿＿＿＿＿＿等。

（5）高压互锁常见故障有哪些?

二、计划制订

根据任务需要在表1中填入高压互锁检查需要准备的检测仪器和工具。将工作计划填入表2中。

表1　检测工具和仪器

序号	仪器、工具名称	数量	清点情况
			□已清点 □未清点
			□已清点 □未清点
			□已清点 □未清点
			□已清点 □未清点

表2　工作计划

序号	步骤	操作方法及说明	质量标准与记录

三、计划实施

检查项目	详情	记录结果
高压断电、验电	断开动力电池端直流母线插接器，等待 5 min 以上，使用万用表查验直流母线正负极电压	电压_____
高压互锁识别	断开各高压系统插接件，识别高压互锁端子	□完成 □未完成
高压互锁测量	断开高压系统插接件，使用插针或短接线短接高压互锁端子，测量高压互锁端子电阻	电阻_____
	断开高压系统插接件，使用插针或短接线短接高压互锁端子，打开点火开关，测量高压互锁端子输出电压	输出电压_____

任务评价

考核评分细则

序号	评分项	得分条件	分值	评分要求	自评	互评	师评
1	安全/"5S"意识	□ 1. 能正确进行工位"5S"操作 □ 2. 能确认设备工具是否正常 □ 3. 能正确固定车辆 □ 4. 能进行工具清洁、校准、存放操作 □ 5. 能进行三不落操作	15	未完成1项扣3分	□熟练 □一般 □不熟练	□熟练 □一般 □不熟练	□优秀 □合格 □不合格
2	专业技能能力	□ 1. 能正确进行高压断电和验电操作 □ 2. 能正确进行高压互锁电阻测量 □ 3. 能正确进行高压互锁端子输出电压测量	60	未完成1项扣20分	□熟练 □一般 □不熟练	□熟练 □一般 □不熟练	□优秀 □合格 □不合格
3	资料信息查询能力	□ 能正确使用维修手册查询相关车型高压互锁线路图	10	未完成1项扣10分	□熟练 □一般 □不熟练	□熟练 □一般 □不熟练	□优秀 □合格 □不合格
4	数据判断分析能力	□ 能正确判断动力电池绝缘值检查是否满足要求	10	未完成1项扣10分	□熟练 □一般 □不熟练	□熟练 □一般 □不熟练	□优秀 □合格 □不合格
5	表单填写与报告的撰写能力	□ 1.字迹清晰 □ 2.语句通顺 □ 3.无错别字 □ 4.无涂改 □ 5.无抄袭	5	未完成1项扣1分	□熟练 □一般 □不熟练	□熟练 □一般 □不熟练	□优秀 □合格 □不合格
总分:							

任务拓展

　　动力电池高压互锁检查是为了确保电池系统在高压状态下的安全性和可靠性。以下是动力电池高压互锁检查的一些重要意义：

　　1. 安全性保障

　　动力电池系统在高压状态下存在一定的安全风险，如电击、火灾等。高压互锁系统可以通过监测电池系统的高压状态，确保在非正常情况下切断电池系统的电源，防止电击和其他安全事故的发生。通过定期检查高压互锁系统的工作状态，可以及时发现和解决高压互锁系统故障或失效的问题，确保电池系统的安全运行。

　　2. 提升效率

　　高压互锁系统的正常工作状态对电池系统的能量转换效率有着重要影响。如果高压互锁系统失效或存在故障，可能会导致电池系统在高压状态下能量的损失和泄漏，降低电池系统的能量转换效率。通过检查高压互锁系统的工作状态，可以评估高压互锁系统的可靠性，及时发现并解决高压互锁系统故障或失效的问题，提高电池系统的能量转换效率。

　　3. 延长电池寿命

　　高压互锁系统的失效或故障可能会导致电池系统在高压状态下的异常工作，加速电池的老化和损坏。通过检查高压互锁系统的工作状态，可以评估高压互锁系统的可靠性，及时发现并解决高压互锁系统故障或失效的问题，延长电池的使用寿命。

　　定期进行高压互锁检查是保障电池系统安全和性能的重要措施，也是延长电池寿命和提高能量转换效率的关键步骤。

项目三

动力电池的检修

一辆 2018 款吉利帝豪 EV450 电动汽车仪表板上动力电池故障指示灯点亮，车辆无法行驶，车辆被拖车拖至 4S 店进行维修。作为 4S 店的维修技师，在接到这个任务后你应该如何进行检测与维修呢?

比亚迪打造全新"刀片电池"

在 2020 开年之时，新能源汽车动力电池技术路线发生巨大逆转，磷酸铁锂电池再一次展现出巨大的发展前景。1 月，比亚迪宣布将推出基于磷酸铁锂技术的"刀片电池"。2 月，有消息表明，特斯拉将在 Model3 车型上搭载无钴的磷酸铁锂电池。全球两大新能源汽车巨头的共同选择，无疑昭示出动力电池技术路线的巨大变革。

此时此刻，当安全和寿命取代能量密度，成为新能源汽车行业的普世评价标准，曾经因能量密度不足短暂"失宠"却更安全、更可靠的磷酸铁锂动力电池也就拥有了更多可能。尖端品牌开始重新思考如何平衡动力电池在能量密度、充电效率和安全系数三者之间的关系。

比亚迪基于其领先全球的磷酸铁锂电池技术，率先交出了"刀片电池"这一答案。比亚迪刀片电池具备高安全、长寿命的核心优势。基于磷酸铁锂技术的刀片电池安全性保障大幅提升，它的失控温度远高于三元锂离子电池，同时电池组具有更高的整体刚性，抗变形、耐挤压和穿刺的能力也更强，电池组内部短路的概率接近于零。

在新一轮的动力电池和新能源汽车之争中，比亚迪再次展现了自己的实力，持续引领全球新能源汽车技术和产品的变革。

——节选自环球网（2020.02.22），《再一次定义全球动力电池安全新标准 比亚迪打造全新"刀片电池"》，有删减

项目目标 →

1. 素养目标

（1）形成规范操作的安全意识和职业意识。

（2）培养中国智慧，树立正确的价值观和国家意识。

（3）培养自主学习、团队协作的综合素养。

2. 知识目标

（1）了解动力电池管理器原理与功能。

（2）了解动力电池热管理系统组成、功能与原理。

（3）了解动力电池单体结构、原理。

3. 技能目标

（1）掌握动力电池动力管理系统的检修方法。

（2）掌握动力电池热管理系统的检修方法。

（3）掌握动力电池开箱、密封、电池模组及相关辅件的检修方法。

项目分析 →

新能源汽车的动力电池一般位于车辆底部前、后桥及两侧纵梁之间，安装在此处能使其具有较高的抗碰撞安全性，还可以降低车辆重心，使车辆具有更好的操控性。将新能源汽车的动力电池安装在驾驶室下方的车架纵梁之间，不但使拆装操作更加简单，避免了动力电池安装分散，减少了动力电池之间高压连接线束的使用，而且节约了成本。

动力电池一般安装在清洁、阴凉、通风、干燥的地方并且要避免受到阳光直射，同时要远离加热器和其他辐射热源。动力电池一般正立安装放置，不可倾斜。动力电池组间采取有效的通风措施，避免因动力电池损坏而产生的可燃气体引起爆炸和燃烧。

动力电池作为新能源汽车的动力源，一旦出现故障便会造成整车高压系统无法正常上电，进而导致车辆无法行驶。动力电池出现故障需先利用专用设备仪器进行检测，确定故障部位，再进行针对性拆解、更换和维修工作。

任务一 动力电池管理系统 故障检修

任务引入

　　一辆 2018 款吉利帝豪 EV450 电动汽车在动力电池电量低的情况下，仪表盘上动力电池 SOC 指示灯无法正常点亮，初步怀疑是动力电池管理系统故障所致，车辆被拖车拖至 4S 店进行维修。作为 4S 店的维修技师，在接到这个任务后你应该如何进行检测与维修呢？

任务分析

　　动力电池管理系统（Battery Management System，BMS）的主要功能是充放电管理、接触器控制、功率控制、电池异常状态报警保护、SOC/SOH（荷电状态／健康状态）计算、自检及通信等。动力电池管理器一旦出现故障会造成整车高压系统无法上电，导致车辆无法正常行驶，因此需要对动力电池管理器进行更换。

知识储备

一、动力电池管理器原理

1. 动力电池管理系统组成和功用

　　动力电池管理系统（BMS）由硬件和软件组成。硬件有主控板、从控板及采样线束等，还包括采集电压、电流、温度等数据的电子器件，如图 3-1 所示。电池管理系统的软件主要用于监测电池的电压、电流、SOC 值、绝缘电阻值、温度值，通过与整车控制器、充电机等通信，来控制动力电池系统的充放电。

动力电池管理器

图3-1　比亚迪e5（3+3车型）动力电池管理器

　　动力电池管理系统是电池保护和管理的核心部件，相当于人的大脑。它不仅要保证电池安全可靠地工作，而且要充分发挥电池的能力，延长电池使用寿命。作为电池和整车控制器以及驾驶人之间沟通的桥梁，动力电池管理系统通过控制接触器控制动力电池组的充放电，并向整车控制器上报动力电池系统的基本参数及故障信息。

　　动力电池管理系统通过电压、电流及温度检测等功能，实现对动力电池系统的过电压、欠电压、过电流、过高温和过低温保护，以及继电器控制、SOC估算、充放电管理、均衡控制、故障报警及处理以及与其他控制器通信等功能。此外，动力电池管理系统还具有高压回路绝缘检测功能，以及为动力电池系统加热功能。

　　（1）主控盒（图3-2）是连接外部通信和内部通信的平台，它的主要功能是接收电池管理系统反馈的实时温度和单体电压（并计算最大值和最小值）、接收高压盒反馈的总电压和电流情况、与整车控制器的通信、与充电机或快充桩通信、控制正主继电器、控制电池加热、唤醒应答、控制充放电电流等。

图3-2　比亚迪新能源汽车动力电池管理系统主控盒

　　（2）高压盒又名绝缘检测盒，如图3-3所示，它的主要功能是监控动力电池的总电压（继电器内外4个监测点）、高压系统绝缘性能、高压连接情况（含继电器触点闭合状态检查），然后将监控到的数据反馈给主控盒。

图 3-3　比亚迪新能源汽车动力电池管理系统高压盒

（3）电压和温度采集单元主要功能是监控每个单体电压、监控每个电池组的温度、SOC值，然后将监控到的数据反馈给主控盒。

2. 动力电池管理系统的意义

动力电池管理系统是连接动力电池与整车控制器的纽带，动力电池管理系统的出现是为了解决动力电池系统的安全性、可用性、易用性、使用寿命等关键问题，其主要作用是提高动力电池的利用率，防止动力电池出现过度充电和过度放电，延长动力电池的使用寿命，监控动力电池的状态。

当电动汽车搭载性能较差的动力电池管理系统时，会对动力电池剩余电量的估计产生较大误差，驾驶人无法预测汽车还能行驶多少里程。不仅如此，在实际使用中，不同动力电池储存的能量是有差异的，如果动力电池管理系统性能较差，就容易出现动力电池过放电或过充电这两种极度危险的状态，进而影响电动汽车的安全性。

优秀的动力电池管理系统不仅对动力电池的电压、电流、温度等的监测更为准确，还能准确地估算出动力电池的 SOC 和 SOH，对蓄电池进行均衡以避免动力电池过放电或过充电，同时提高能量利用率，保证蓄电池安全、可靠地工作。

3. 动力电池管理系统的结构

动力电池管理系统一般包含控制模块（BMC，主控模块）、动力电池信息采集器、高压配电盒、电流传感器等。

1）动力电池管理器（BMC）

动力电池管理器是一个连接外部通信和内部通信的平台，如图 3-4 所示。

图 3-4　动力电池管理器

它的主要功能有：

（1）实时接收动力电池信息采集器采集的单体电池电压、温度、均衡等信息；接收绝缘模块反馈的高压系统绝缘状态和电流情况。

（2）BMC与网关控制器和整车进行通信，与直流充电桩进行通信。

（3）BMC控制接触器吸合或断开、控制充/放电电流和动力电池热管理控制情况。

（4）唤醒动力电池管理系统的应答。

（5）对动力电池模块进行SOC和SOH的估算。

2）高压配电盒

高压配电盒（图3-5）主要包括主正接触器、主负接触器、预充接触器、预充电阻、熔断器等，有些车型还包括充电接触器。高压配电盒的接触器接收控制单元指令完成整车预充、上电、下电过程，在短路、过热或故障情况下切断动力电池输出。熔断器的额定电压要求大于动力电池系统的最高工作电压，额定电流通常为高压回路最大负载电流的1.5~3倍。

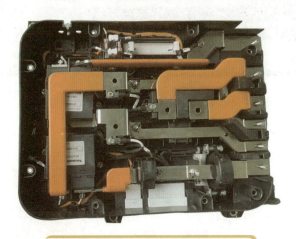

图3-5　高压配电盒

3）动力电池信息采集器

动力电池信息采集器如图3-6所示。

图3-6　动力电池信息采集器

其主要作用是进行动力电池电压采样、温度采样、单体电池均衡、采样线异常检测等，然后将采集到的数据通过动力电池子网反馈给动力电池管理器。

动力电池电压采样：电池单体通过串联的方式依次叠加，采样芯片的采样通道按照次第的顺序往上叠加。对于单体电池采样通道上的滤波电路，基本上目前所有的采样芯片都是 100 Ω 的串阻，然后加上一个滤波电容，通过经典的 RC 滤波电路来实现。

目前市面上绝大多数方块电池，动力电池的采样线先是从芯片的极柱通过柔性电路板（软排铜线）连接到动力电池模块的插接件，然后线束通过这个插接件连接到 BMC。

实际上从动力电池连接到 AFE（模拟前端）采样芯片是经过了两段线束，一段就是柔性电路板上的走线（图 3-7），另一段就是蓄电池采集器连接到 BMC 的通信线束。

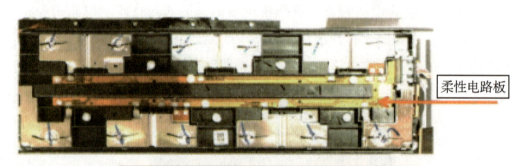

图 3-7 动力电池柔性电路板采样电压、温度

动力电池电压采样示意图如图 3-8 所示。

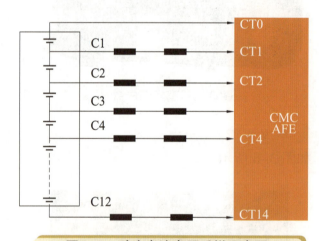

图 3-8 动力电池电压采样示意图

4）霍尔式电流传感器

霍尔式电流传感器最初在日系混合动力汽车上使用较多，现在慢慢由智能的分流器完成电压和电流的采样，通过串行总线传输，甚至可以在里面实现动力电池荷电状态的估算。霍尔式电流传感器套在高压母线上，如图 3-9 所示。霍尔式电流传感器在参数测量过程中能实现主电路回路和单片机系统的隔离，安全性更高。

图 3-9　高压母线上嵌套霍尔式电流传感器

4. 动力电池管理系统工作原理

　　动力电池模块位于密封、屏蔽的动力电池箱内部，通过可靠的高、低压插接件与整车的用电设备和控制系统进行连接。动力电池系统内的 BIC（电池信息采集器）可实时采集各单体电池的电压值、各温度传感器的温度值、动力电池系统的总电压值和总电流值、动力电池系统的绝缘电阻值等数据，并根据 BMC 中设定的阈值来判定动力电池工作是否正常，对故障进行实时监控。此外动力电池系统还通过 BMC 使用 CAN 总线在网关控制器与整车进行通信，进行充、放电等综合管理。动力电池管理系统的工作原理如图 3-10 所示。

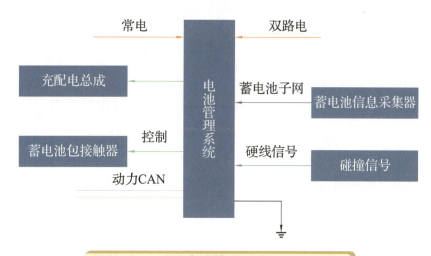

图 3-10　动力电池管理系统的工作原理

5. 动力电池管理系统主要功能介绍

　　电池管理系统的主要功能有充/放电管理、接触器控制、功率控制、动力电池热管理系统、动力电池异常状态报警和保护、SOC/SOH 计算、自检以及通信功能，如图 3-11 所示。

1）数据采集

　　动力电池管理系统的所有算法都是以采集的动力电池数据作为输入，采样速率、精度和前置滤波特性是影响动力电池系统性能的重要指标，电动汽车 BMS 的速率一般要求大于200 Hz（10 ms）。

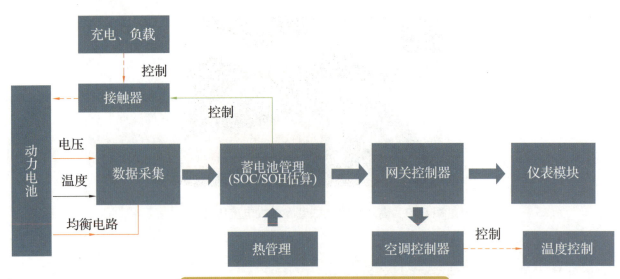

图 3-11　动力电池管理系统功能示意图

2）动力电池状态计算

动力电池状态计算包括动力电池模块荷电状态（SOC）和健康状态（SOH）两方面。SOC 用来提示动力电池模块剩余电量，是计算和估计电动汽车续航里程的基础。SOH 用来提示动力电池技术状态、预计可用寿命等健康状态的参数。

3）能量管理

能量管理主要包括以电流、电压、温度、SOC 和 SOH 为输入控制充电过程，及以 SOC、SOH 和温度等参数为条件进行放电控制和功率控制两个部分。

4）功率限制

功率限制包括监视动力电池的电压、电流和温度是否超过正常范围，防止蓄电池模块过充电、过放电。

5）热管理

热管理指将动力电池温度控制在合理的范围内，保证动力电池模块最佳的工作性能和延长动力电池的使用寿命。热管理包括在蓄电池工作温度超高时进行冷却，在低于适宜工作温度下限时进行蓄电池加热，使动力电池处于适宜的工作温度范围内，并在动力电池工作过程中保持单体电池间的温度均衡。对于大功率充、放电和高温条件下使用的动力电池，其热管理尤为必要。

6）均衡控制

由于单体电池的一致性差异导致动力电池模块的工作状态是由最差单体电池决定的，在动力电池模块各个单体电池之间设置均衡电路，实施均衡控制是为了使各单体电池充、放电的工作情况尽量一致，提高整个动力电池模块的工作性能。

7）通信功能

通过电池管理系统实现动力电池参数和信息与车载设备或非车载设备的通信，为充放电控制、整车控制提供数据依据是电池管理系统的重要功能之一。根据应用需要，数据交换可采用不同的通信接口，如模拟信号、PWM 信号、CAN 总线或 I²C 串行接口。

6. 动力电池管理系统的类型

动力电池管理系统按结构不同可分为集中式系统和分布式系统。

1）集中式系统

集中式电池管理系统在单体电池成组过程中，主控板与动力电池的检测板安装在同一个地方，内部用导线连接成为一个整体，最大限度减少了硬件的数量，但也增加了动力电池模块中导线的数量。图 3-12 所示为集中式电池管理系统的结构示意图。

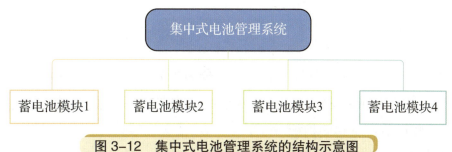

图 3-12　集中式电池管理系统的结构示意图

集中式系统的优点是材料的成本低，可在电池管理系统之间无限制地通信，安全、管理便利，简化了对不同蓄电池参数的调整与改写，对参数的测量速度快、可靠性高，可以灵活计算，根据不同的情况在中央处理器内修改软件，满足不同要求。

集中式系统的缺点是需要解决串联蓄电池的电桩测量中共地、隔离、测量精度等问题，技术难度大。对蓄电池模块进行信号采集，而不能检测到每个单体蓄电池，精度差、对信号处理要求高。线束比较多，不利于车辆轻量化发展。当蓄电池出现故障时只能替换整个蓄电池模块。适用于仅由一个蓄电池模块组成的车用动力电源系统。

2）分布式系统

分布式电池管理系统有一个主控制器位于中央位置，还有多路分开的电路板监控检测单体蓄电池的情况。可以减少电线的使用，但增加硬件成本，一个 PCB（印制电路板）采集器最大可采集 12~16 块单体蓄电池，但对蓄电池系统有更好的管控，因此被广泛运用。图 3-13 所示为分布式电池管理系统的结构示意图。

图 3-13　分布式电池管理系统的结构示意图

　　分布式系统结构的优点是减少了布线，便于电源系统的扩展，可以分散安装，通过总线进行连接与信息通信，采集的数据可以就近处理、精度高，使得有可能更好地计算蓄电池的状态，利于建立标准化的电源管理系统。

　　分布式系统的缺点是软、硬件成本比较高，需要标定采集器地址，采集器灵活性比较差，数据由串行总线传输，系统巡回检测的速度受限制，数据的实时性不高。

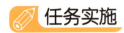
任务实施

一、动力电池管理器检查与更换

　　电池管理器作为动力电池管理系统的核心，分为内装式和外装式两类。内装式一般安装于动力电池内部，如吉利帝豪EV300/EV400/GSe等。外装式一般安装在动电池外部，如比亚迪e2电池管理器装在前机舱右侧护板。

　　步骤1：比亚迪e2电池管理器（电池管理器）的更换。

　　（1）拆卸右侧护板（图3-14）。

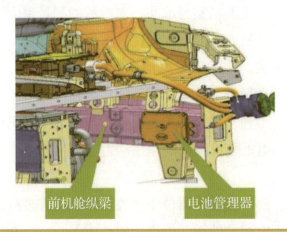

前机舱纵梁　　　　电池管理器

图3-14　比亚迪e2电池管理器在车上安装位置

　　（2）断开2个插接器。

　　（3）拆卸4个螺母。

　　（4）取下动力电池管理器。

电池管理器的安装可按拆卸的相反顺序进行。

　　步骤2：吉利帝豪EV450/EV450电池管理器（BMS）的更换。

　　（1）打开前机舱罩，断开蓄电池负极电缆，断开直流母线（充电机侧），排放动力电池冷却液。

　　（2）拆卸动力电池总成。

　　（3）拆卸动力电池箱盖。

（4）拆卸熔断器。

（5）拆卸 BMS。

①断开 BMS 上的 12 个线束连接器（图 3-15）。

②拆卸 BMS 底部的 4 颗固定螺栓（图 3-16），取出 BMS。

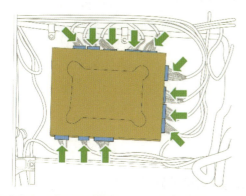

图 3-15 断开 BMS 上的 12 个线束连接器

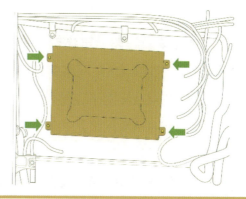

图 3-16 拆卸 BMS 底部的 4 颗固定螺栓

BMS 的安装可按拆卸相反顺序进行。

二、动力电池管理器常见故障检修方法

动力电池控制系统电路简图如图 3-17 所示。

故障诊断步骤：

步骤 1：使用诊断仪读取故障代码。

（1）操作启动开关使电源模式至 ON 状态。

（2）连接诊断仪，读取系统故障代码。

（3）确认系统是否存在故障代码。

是：优先排除其他故障代码。

否：进入第 2 步。

步骤 2：初步基本检查。

（1）检查线束连接器有无损坏、接触不良、老化、松脱等迹象。

（2）检查元器件是否有明显伤痕或破损。

（3）上述检查都正常吗？

是：进入第 3 步。

否：修理或更换损坏的部件。

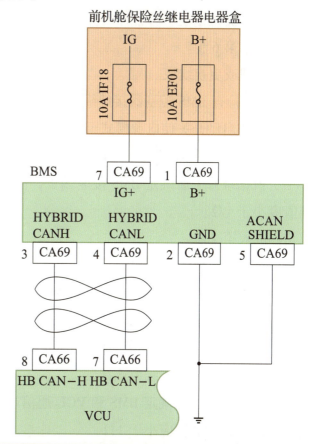

图 3-17 吉利帝豪 EV450 动力电池控制系统电路简图

步骤 3：检查 BMS 控制器保险丝是否正常。

（1）操作启动开关使电源模式至 OFF 状态。

（2）拔下保险丝，检查保险丝是否符合规定值，并检查保险丝是否熔断。

（3）确认保险丝是否正常。

是：进入第 4 步。

否：修理保险丝线路，更换额定容量的保险丝。

步骤 4：检查 HB-CAN 网络完整性。

（1）检查 HB-CAN 网络完整性。

（2）确认 HB-CAN 网络是否正常。

是：进入第 5 步。

否：检查或维修 HB-CAN 总线通信故障，必要时更换或维修线束。

步骤 5：检查 BMS 控制器电源线路。

（1）操作启动开关使电源模式至 OFF 状态。

（2）断开 BMS 控制器线束连接器。

（3）操作启动开关使电源模式至 ON 状态。

（4）根据维修手册确定 BMS 供电端子，使用万用表测量供电端子与车身接地之间电压，标准值应为蓄电池电压。

（5）确认测量值是否符合标准。

是：进入第 6 步。

否：修理或更换线束。

步骤 6：检查 BMS 控制器接地线路。

（1）操作启动开关使电源模式至 OFF 状态。

（2）断开 BMS 控制器线束连接器。

（3）根据维修手册确定 BMS 接地端子，使用万用表测量供电端子与车身接地之间电阻，标准值应小于 1Ω。

是：进入第 7 步。

否：修理或更换线束。

步骤 7：检查 BMS 控制器的通信线路。

（1）操作启动开关使电源模式至 OFF 状态。

（2）断开 BMS 控制器线束连接器。

（3）断开整车控制器线束连接器。

（4）根据维修电路确定 BMS 和 VCU 通信端子，使用万用表测量两个线束连接器之间的通信端子电阻，标准值应小于 1Ω。

（5）确定测量值是否符合标准。

是：进入第 8 步。

否：修理或更换线束。

步骤 8：更换 BMS 控制器。

（1）更换 BMS 控制器。

（2）确认更换 BMS 控制器后系统是否正常。

是：系统正常，故障排除。

否：进入第 9 步。

步骤 9：更换整车控制器。

（1）更换整车控制器。

（2）确认更换整车控制器后系统是否正常。

是：系统正常，故障排除。

否：重新开始检查。

动力电池管理系统故障检修工作页

姓名		班级	
实训器材			

一、信息收集

（1）BMS 硬件由一个或多个电子控制器组成，包含_____、_____、_____、接触器、_____、_____、_____、预充电阻等电子元件。

（2）动力电池信息采集器主要作用是进行动力电池_____、_____、_____、采样线异常检测等，然后将采集到的数据通过动力电池子网反馈给动力电池管理器。

（3）动力电池状态计算包括动力电池模块荷电状态（SOC）和健康状态（SOH）两方面。SOC 用来提示_____，是计算和估计电动汽车续航里程的基础。SOH 用来提示_____、预计可用寿命等健康状态的参数。

（4）动力电池管理系统主要功能有_____、接触器控制、功率控制、_____、_____、SOC/SOH 计算、自检以及通信功能。

（5）请用流程图概括出吉利帝豪 EV450 电池管理器的更换流程。

二、计划制订

根据任务需要在表 1 中填入动力电池管理系统故障检修需要准备的检测仪器和工具。将工作计划填入表 2 中。

表 1　检测工具和仪器

序号	仪器、工具名称	数量	清点情况
			□已清点 □未清点
			□已清点 □未清点
			□已清点 □未清点
			□已清点 □未清点

表 2　工作计划

序号	步骤	操作方法及说明	质量标准与记录

三、计划实施

检查项目	详情	记录结果
高压断电、验电	断开动力电池端直流母线插接器，等待 5 min 以上，使用万用表查验直流母线正负极电压	电压_____
动力电池管理器的更换	拆卸动力电池箱盖	□规范 □不合格
	拆卸熔断器	□规范 □不合格
	断开 BMS 上的 12 个线束连接器	□规范 □不合格
	拆卸 BMS 底部的 4 颗固定螺栓	扭矩：

 **任务评价**

考核评分细则

序号	评分项	得分条件	分值	评分要求	自评	互评	师评
1	安全/"5S"意识	□ 1. 能正确进行工位"5S"操作 □ 2. 能确认设备工具是否正常 □ 3. 能正确固定车辆 □ 4. 能进行工具清洁、校准、存放操作 □ 5. 能进行三不落操作	15	未完成1项扣3分	□熟练 □一般 □不熟练	□熟练 □一般 □不熟练	□优秀 □合格 □不合格
2	专业技能能力	□ 1. 能正确进行高压断电和验电操作 □ 2. 能正确进行动力电池管理器的更换	60	未完成1项扣30分	□熟练 □一般 □不熟练	□熟练 □一般 □不熟练	□优秀 □合格 □不合格
3	资料信息查询能力	□ 能正确使用维修手册查询相关车型动力电池管理器位置及插接器信息	10	未完成1项扣10分	□熟练 □一般 □不熟练	□熟练 □一般 □不熟练	□优秀 □合格 □不合格
4	数据判断分析能力	□ 能正确判断动力电池管理器更换是否符合要求	10	未完成1项扣10分	□熟练 □一般 □不熟练	□熟练 □一般 □不熟练	□优秀 □合格 □不合格
5	表单填写与报告的撰写能力	□ 1. 字迹清晰 □ 2. 语句通顺 □ 3. 无错别字 □ 4. 无涂改 □ 5. 无抄袭	5	未完成1项扣1分	□熟练 □一般 □不熟练	□熟练 □一般 □不熟练	□优秀 □合格 □不合格
总分:							

任务拓展

请自行上网查阅资料，查找动力电池管理系统有哪些故障指示灯，并完成以下表格。

图标	功能
🔥	
🚗⚠	
READY	
🔋✕	
🔋❗	
🔋	
SOC	

任务二 动力电池热管理系统故障检修

任务引入

一辆 2018 款吉利帝豪 EV450 电动汽车，在行驶时仪表上动力电池故障指示灯点亮，车辆逐渐减速停车后无法再上高压电，拖至 4S 店，使用故障诊断仪检查故障码，报动力电池过热故障。作为 4S 店的维修技师，应该如何进行维修呢？

任务分析

动力电池热管理系统（Battery Thermal Management System，BTMS）是电动汽车动力电池系统的重要组成部分，它对动力电池性能、寿命、安全等有重要影响，而且是电动汽车整车热管理的重要组成部分。动力电池热管理系统的功能是在电池温度较高时有效散热，防止产生热失控；在电池温度较低时预热，提升电池温度，确保低温下的充、放电性能；减小电池组及内部的温度差异，抑制局部热区的形成，防止高温位置的电池性能衰减过快，提升电池组整体寿命。

动力电池冷却系统某一部件出现故障会导致动力电池过热，导致整车无法上电，不能正常行驶。冷却系统出现故障后，可连接故障诊断仪，使用"功能测试"，强制驱动冷却风扇继电器吸合，查看风扇是否能正常工作；也可使用"加注初始化功能"强制驱动电动冷却液泵，查看冷却液泵是否正常工作，以快速判断故障。

新能源汽车动力
电池冷却系统

知识储备

一、电动汽车冷却系统与传统汽车冷却系统的区别

传统汽车中发动机工作时，气缸内的温度高达 2 000℃，若不及时冷却，将造成发动机零部件温度过高。尤其是直接与高温气体接触的零件，会因受热膨胀，影响正常的配合间隙，导致运动部件受阻甚至卡死。而冷却系统可以在发动机工作时合理调节温度，带走发动机因燃烧所产生的热量，使发动机各部件保持在正常的工作温度。

电动汽车冷却系统的功能要求与传统汽车的基本相同。但是，由于两者的结构和原理的差异导致了热源及其散热方式的不同。纯电动汽车关键零部件，如电池、电机、电机控制器及充电机等，在能量转化过程中产生大量的热量。如果不能够及时地散发出去，将导致车辆功率下降甚至损坏零件。电动汽车冷却系统功用是将动力电池、电机、电机控制器及充电机产生的热量及时散发出去，保证其在要求的温度范围内高效稳定地工作。

二、动力电池发热的原因

如果把电池内部所有的物质如活性物质、正极和负极、隔板等假定为一个具有相同特性的整体，其内部的热传导性较好，使电池内部单元等温。由于电池壳体基本不产生热量，因而其温度与电池内部的温度非常接近。由表 3-1 可以看出，电池经过电流充放工况后，电池的最高温度和最低温度与电池平均温度之差在 4.2℃左右，电池的最高温度在 35.5℃左右。

表 3-1　放电前后电池箱电池温度对照

工况	最高温度 /℃	最低温度 /℃	平均温度 /℃
放电前	30.2	29.2	29.7
放电后	35.5	32.3	33.9

三、动力电池热管理系统的功能

动力电池组的热管理系统示意图如图 3-18 所示。

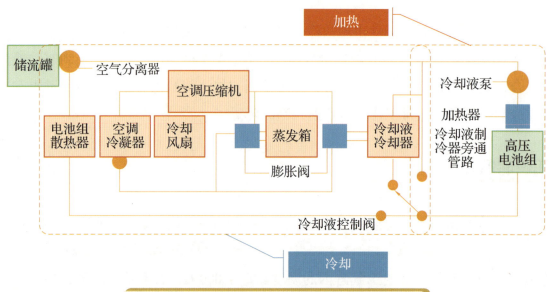

图 3-18　动力电池组的热管理系统组成示意图

动力电池热管理系统主要有以下功能：

（1）电池温度的准确测量和监控。

（2）电池组温度过高时能有效散热和通风。

（3）低温环境下快速加热。

（4）有害气体产生时能有效通风。

（5）保证电池组温度场均匀分布。

四、电池组内热传递的方式

电池组内热传递方式主要有热传导、对流换热和辐射换热 3 种方式，电池和环境交流的热量也是通过这 3 种方式。

热传导指物质与物体直接接触而产生的热传递。电池内部的电极、电解液、集流体等都是热传导介质。对流换热是电池表面的热量通过环境介质（一般为液体）的流动交换热量，它和温差成正比，温差越大，交换的热量也越大。辐射换热主要发生在电池表面，与电池表面材料的性质相关。

在电池单体内部，热辐射和热对流的影响很小，热量的传递主要是由热传导决定的。电池自身吸热的多少与材料的比热有关，比热越大，散热越多，电池的温升越小。如果散热量大于或等于产生的热量，则电池温度不会升高；如果散热量小于所产生的热量，热量将会在电池内产生热积累，电池温度升高。

五、动力电池组热管理系统类型

1. 按照是否有内部加热或制冷装置分类

电池组热管理系统可分为被动式和主动式两种。被动系统成本较低，采取的设施相对简单；主动系统相对复杂，并且需要更大的附加功率，但效果好，如图3-19所示。

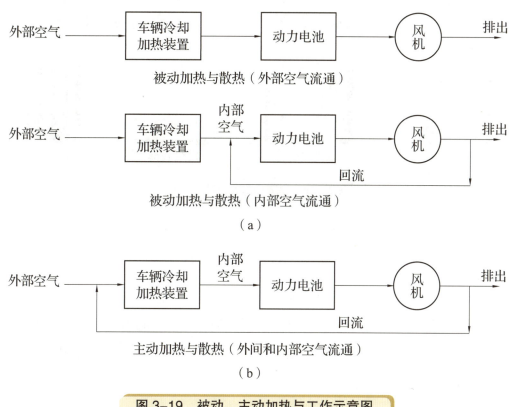

图 3-19　被动、主动加热与工作示意图

（a）被动式；（b）主动式

在加热系统中，除了采用将热空气引入动力电池中的方式外，还可以采用由加热元件和电路组成的加热系统，其中加热元件是最重要的部分。常见的加热元件有可变电阻加热元件和恒定电阻加热元件，前者通常称为 PTC（Positive Temperature Coefficient），后者通常为金属加热丝组成的加热膜，譬如硅胶加热膜、挠性电加热膜等，如图3-20、图3-21、图3-22所示。目前，电动汽车上主要采用 PTC 的方式加热电池组。这种加热方式虽然结构简单，但是加热时间长，加热后会造成电池包内温度不均匀，而且能耗比较大。采用金属电热膜的加热方式，可以缩短加热时间，使电池单体均匀受热。对于方形电池而言，采用加热膜加热会更理想，与加热套相比，加热膜结构简单，成本低，对电池散热影响小。

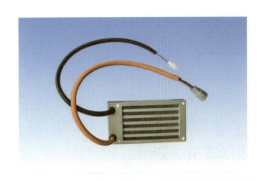

图 3-20　电动汽车专用 PTC 加热元件

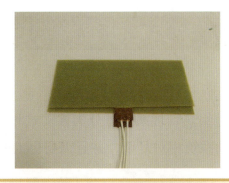

图 3-21　动力电池硅胶加热膜

模组单侧

模组双侧

模组底部

电芯间隙

图 3-22　金属电热膜加热元件

2.　按照传热介质分类

1）风冷

风冷式散热系统也叫作空冷式散热系统，让空气流经电池表面带走其产生的热量，如图 3-23 所示。大多数传统的混合动力汽车采用的是风冷式电池组，插电式混合动力汽车和纯电动汽车中只有部分使用的是风冷式电池组，其他基本使用液冷式电池组。

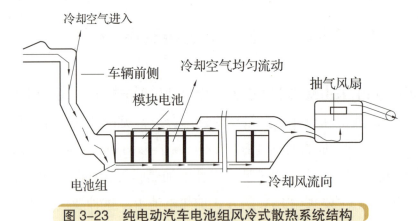

图 3-23　纯电动汽车电池组风冷式散热系统结构

根据通风措施的不同，风冷式又有自然对流散热和强制通风散热两种方式。自然对流散热不依靠外部附加的强制通风措施，只是通过电池包内部因温度变化而产生的气流冷却散热的系统。强制对流冷却散热系统是在自然对流散热系统的基础上加上了强制通风技术的散热系统。

根据冷却空气在动力电池模块中的流动方式不同，风冷式有串行通风方式和并行通风方式两种，如图 3-24 所示。

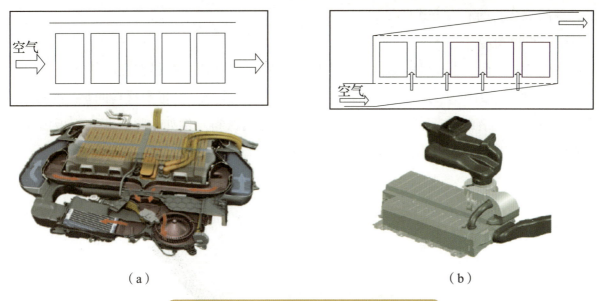

图 3-24　动力电池风冷散热方式

（a）串行通风方式；（b）并行通风方式

串行通风气流会将先流过地方的热量带到后流过的地方，从而导致两处温度不一致，且温差较大；而并行通风空气都是直立上升型气流，这样可更均匀地分配气流，从而保证电池包各处散热的一致性。

2）液冷

俗称水冷，制冷剂直接或间接地接触动力电池，通过液态流体的循环流动把电池包内产生的热量带走，如图 3-25 所示。液冷式冷却系统结构设计更加严苛，以防止液态制冷剂的泄漏，并应保证电池包内电池单体之间温度的均匀性。复杂的结构使得整套散热系统变得十分笨重，不仅增加整车重量，使整车的负担大大增加，而且由于其结构的复杂性及高密封性，液冷系统的维护和保养相对困难，维护成本也相应增加。

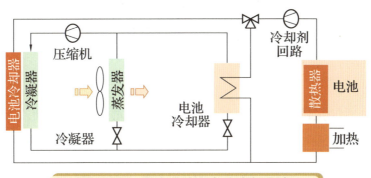

图 3-25　液冷式动力电池冷却系统

液冷散热主要分为直接接触和非直接接触两种方式。非直接接触式必须将套筒等换热设施与电池组整合设计才能达到冷却效果，这在一定程度上降低了换热效率，增加了热管理系统设计和维护的复杂性。直接接触式通常采用不导电且换热系数较高的换热工质，如矿物油、乙二醇等；非直接接触式则采用水、防冻液等作为换热工质，如特斯拉电池就是采用水和乙二醇的混合物的液冷方式散热。

3）相变材料冷却

如图3-26所示，是采用相变材料作为传热介质，利用相变材料在发生相变时可以储能与释能的特性，达到对动力电池低温加热与高温散热的目的。但相变材料的热导率比较低，为了改变材料的固有缺陷，向相变材料中填充一些金属材料。例如，将很薄的铝板填充到相变材料中，提高热导率。还有人提出了向相变材料中填充碳纤维、碳纳米管等。

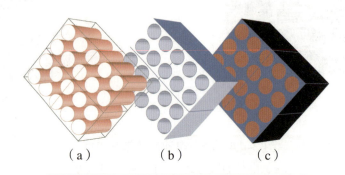

（a）　　　　（b）　　　　（c）

图3-26　相变材料包裹电池结构
（a）锂电池；（b）相变材料；（c）相变材料增强电池组

六、动力电池热管理系统结构原理

1. 基本构成

冷却系统是动力电池热管理系统中最重要的组成部分。由于目前技术瓶颈的限制，动力电池工作的环境温度要满足特定的要求，如磷酸铁锂离子动力电池的一般环境温度为 $-20\sim60\,℃$。动力电池在充、放电过程中会不断地产生热量，动力电池系统内部温度很容易超过这一范围，因此一般的动力电池系统都需要引入冷却系统。

电动汽车冷却系统（无论是风冷系统，还是液冷系统）由冷却动力部件、传递路径、接头件、密封件、其他附件等部分组成。

1）冷却动力部件

电动汽车动力电池的风冷系统动力部件主要是风机或风扇；电动汽车动力电池的液冷系统动力部件是水泵。

2）传递路径

动力电池的传递路径是指冷却系统介质流经的路径，风冷系统主要传递路径由风管组成，液冷系统主要传递路径由水管组成。

3）接头件

动力电池冷却传递路径不可避免地存在分叉，这些分叉部位需要接头件进行连接。

4）密封件

冷却系统的密封件通常安装在进、出风口或液体位置。

5）其他附件

冷却系统的其他附件主要是组成冷却系统的一些必备连接件、防尘件、卡环等。

② 冷却方式

根据冷却介质的不同，冷却系统通常可分为风冷、液体冷却和相变冷却 3 种冷却方式。这 3 种冷却方式的散热能力是依次增强的，同时冷却系统的结构复杂度也依次增加。由于相变冷却成本比较高，考虑到降低成本的因素，目前工程技术上常采用空气冷却和液体冷却两种方式。

除了根据冷却介质区分冷却系统以外，冷却系统常常分为主动冷却和被动冷却两种形式。通常被动冷却系统直接将动力电池内部的热空气排出车体，而主动冷却系统通常具有一个内循环系统，并且根据动力电池内部的温度进行主动调节，以达到最大散热能力。一般而言，被动冷却形式具有结构简单、零部件数量少、成本低等优点，因此被广泛用于动力电池冷却系统设计中。

③ 作用

动力电池冷却系统的作用是对动力电池进行冷却。动力电池热管理系统通过对动力电池进行冷却或加热，使保持动力电池较佳的工作温度，以改善其运行效率并延长其使用寿命。在低温环境下，需要对动力电池进行加热处理，以提高运行效率；在高温环境下，需要对动力电池进行冷却处理，以保持运行效率。

动力电池冷却系统冷却形式有空调制冷剂冷却式、水冷式和风冷式 3 种。不同的冷却系统有相对应的冷却组件：风冷系统主要部件为风机，液冷系统主要部件为冷却板。在电动汽车中，冷却主要分为两部分：一是对动力系统的驱动电机、车辆控制器和 DC/DC 转换器等部件的冷却，二是对供电系统的动力电池和车载充电器的冷却。

1）风冷

国内外电动汽车动力电池的冷却方式主要有以下几种：空气冷却、液体冷却和热管冷却。目前空气冷却方式仍然是主要方法。空气冷却比较容易实现，但冷却效果不佳。风冷散热通风方式一般有串行、并行和混行 3 种，分别如图 3-27、图 3-28 和图 3-29 所示。

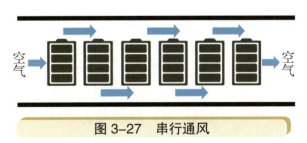

图 3-27　串行通风

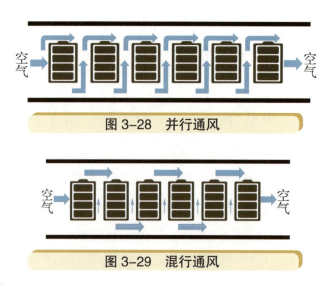

图 3-28　并行通风

图 3-29　混行通风

在串行通风方式下，冷空气从左侧进入、从右侧排出。空气在流动过程中不断被加热，所以右侧的冷却效果比左侧要差，蓄电池箱内蓄电池模块温度从左到右逐渐升高，蓄电池模块内温差比较大，流经路径越长，温差越大。

并行通风方式使得空气分布更均匀，但需要对进、排风通道和蓄电池布置位置进行很好的设计。该楔形的进、排气通道使得不同模块间隙上、下的压力基本保持一致，确保了吹过不同蓄电池模块的空气流量的一致性，从而保证了蓄电池组温度场分布的一致性。目前大部分风冷系统采用此结构。

动力电池系统在应用过程中除了蓄电池自身产热外，蓄电池之间的连接电阻产生的热量也是重要的热量来源，并且这部分过热会带来其他比较严重的后果（如连接松动等）。对于这种情况，采用混行通风方式可以对局部产热进行重点冷却，使系统内各蓄电池的温度分布得更加均匀。

2）液冷

液体冷却介质起到的作用只是一种热量交换，即将动力电池产生的热量传递到液体中，液体温度升高，并不能将产生的热量排出去，必须采取其他的热交换措施（如热交换器、车辆的空调系统等）。同时，液体的流动必须在一定的压力下才能进行，所以要考虑使用泵来进行加压，加快液体的流动。液/空冷却模式和液/液冷却模式分别如图3-30~图3-32所示。

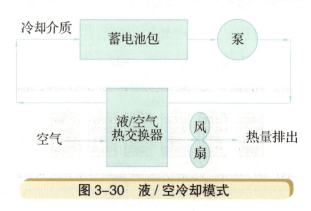

图 3-30　液/空冷却模式

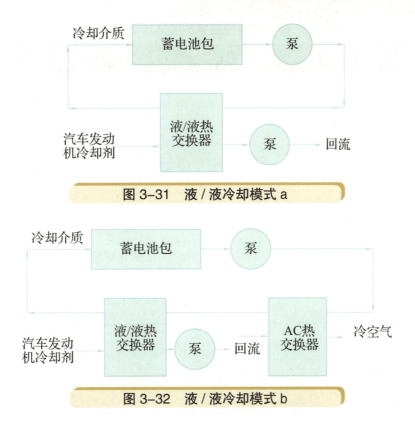

图 3-31 液 / 液冷却模式 a

图 3-32 液 / 液冷却模式 b

　　液体冷却有较好的冷却效果，而且可以使动力电池的温度分布更均匀，但是液体冷却对动力电池的密封性有很高的要求，如果采用水这类导电液体，需用水套将液体和单体蓄电池隔开，这样不仅增加了系统的复杂性，而且降低了冷却效果。

　　一般冷却系统都是安装在蓄电池模块附近，原理和空调的制冷原理相似，冷却系统通过管路和单个蓄电池模块相连，管路里循环流动冷却液（一般是乙二醇），将单个蓄电池模块的热量带走，冷却系统将乙二醇制冷，多余热量通过风扇排到外界，而乙二醇再次循环进入蓄电池模块，继续吸收蓄电池散发的热量。蓄电池液冷系统内部结构如图 3-33 所示。

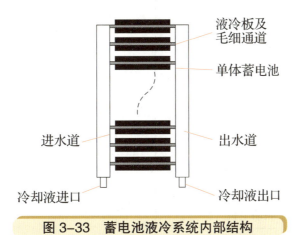

图 3-33 蓄电池液冷系统内部结构

4. 风冷与液冷的比较

　　动力电池冷却系统的风冷与液冷各有其特点，其比较见表 3-2。

表 3-2 动力电池冷却系统的风冷与液冷比较

项目	风冷	液冷
优点	结构简单，重量相对较轻 没有发生漏液的可能 有害气体产生时能有效通风 成本较低	传热更有效 蓄电池模块温度均匀性好 可与车辆冷却系统整合在一起 与蓄电池壁面间的热交换系数高，冷却、加热速度快 体积小
缺点	空气在蓄电池组内的分布复杂 与蓄电池壁面间的热交换系数低，冷却、加热速度慢 吸入的空气必须经滤清器过滤 受环境温度影响大	存在漏液可能 重量相对较大 维修和维护复杂 需要水套、热交换器等部件，结构复杂

✎ 任务实施

一、认识吉利帝豪 EV450 动力电池冷却系统 》》

　　吉利帝豪 EV450 动力电池冷却系统（液冷式）主要部件包括散热器、膨胀罐、电动水泵、整车控制器、冷却液控制阀、热管理控制模块和冷却管路等。图 3-34 所示为吉利帝豪 EV450 车型水冷式驱动电机和动力电池冷却系统。

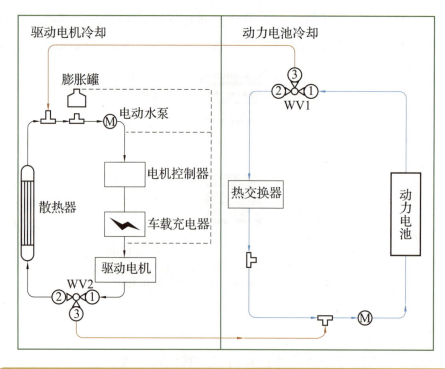

图 3-34　吉利帝豪 EV450 车型驱动电机和动力电池冷却（水冷式）系统

吉利帝豪EV450动力电池冷却系统主要部件在车上的位置如图3-35所示。其主要部件和功能见表3-3。

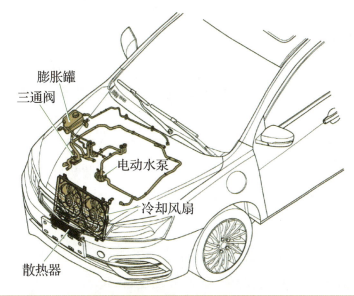

膨胀罐

三通阀

电动水泵

冷却风扇

散热器

图 3-35　吉利帝豪 EV450 动力电池冷却系统主要部件位置

表 3-3　冷却系统部件和功能

部件	功能
电动水泵	冷却系统含有两个电动水泵，分别为动力电池水泵和电机水泵，由低压电路驱动，为冷却液的循环提供压力
膨胀罐	膨胀罐总成通过水管与散热器连接。随着冷却液的温度逐渐升高并膨胀，部分冷却液因膨胀而从散热器和各器件中流入膨胀罐总成。散热器和液道中滞留的空气也被排入膨胀罐总成。 车辆停止后，冷却液自动冷却并收缩，先前排出的冷却液则被吸回散热器，从而使散热器中的冷却液一直保持在合适的液面，并提高冷却效率。 当冷却系统处于冷态时，冷却液面应保持在膨胀罐总成上的L（最低）和F（最高）标记之间
冷却风扇	冷却风扇总成安装在机舱内散热器的后部，它可增加散热器和空调冷凝器的通风量，从而有助于加快车辆低速行驶时的冷却速度。 风扇采用双风扇，高低速的控制模式，通过两个不同的电机驱动扇叶。冷却风扇由整车控制模块利用冷却风扇低速继电器和冷却风扇高速继电器直接控制。在低速电路中，采用串联调速电阻的方式来改变风扇的转速

液冷式动力电池冷却系统的优点是：冷却效果优异；能集成电池加热组件，解决了在环境温度很低的情况下，加热电池的问题。缺点是：系统复杂，增加了许多部件，如水泵、阀、低温水箱，使成本增加。

动力电池冷却
系统检查保养

二、动力电池热管理系统检修

1. 冷却液检查及更换

1）冷却液液位检查

（1）打开前机舱盖，找到如图3-36所示驱动电机/动力电池系统膨胀罐，检查膨胀罐内冷却液液位是否位于"F"和"L"之间。

（2）打开图3-36箭头指示的加注口盖，查看冷却液颜色是否浑浊。

注意：应在冷却液彻底冷却后再打开加注口盖，处于散热状态时切勿打开，以免烫伤。如果冷却液不在规定范围内，应添加；如果冷却液颜色浑浊，应更换。

2）冷却液更换程序

（1）打开膨胀罐冷却液加注口盖。

（2）断开散热器出水管，使用容器收集排放出的冷却液。

（3）冷却液排放完毕后，连接散热器出水管。

（4）使用诊断仪进入加注初始化状态，具体操作如下：将车辆启动至ON挡，且非充电状态，连接诊断仪（这里以吉利帝豪EV450为例），选择FE-3ZA车型—手动选择系统—空调控制器（AC）—特殊功能，选择加注初始化，车辆处于加注初始化状态。

（5）打开膨胀罐加注盖，如图3-37所示缓慢加注冷却液，直至膨胀罐内冷却液达到80%左右，且液位不再下降。

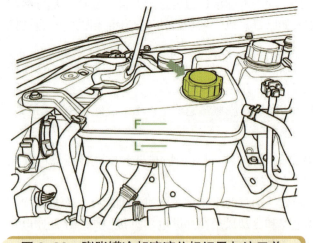

图3-36　膨胀罐冷却液液位标记及加注口盖

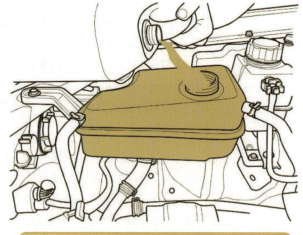

图3-37　加注冷却液

（6）进行冷却系统排气操作，具体操作如下：连接诊断仪，使车辆处于排气状态，如果液位下降应及时补充冷却液，排气过程时长不小于10 min。

（7）观察膨胀罐内冷却液，如下降则及时补充冷却液，确保冷却液液位处于"F"和"L"之间。

（8）拧紧膨胀罐加注盖，使用诊断仪将车辆恢复默认模式。

⒉ 电动冷却液泵更换

（1）打开前机舱盖，打开蓄电池负极电缆保护盖，拆卸蓄电池负极电缆固定螺母，断开蓄电池负极电缆。

（2）找到驱动电机冷却系统电动冷却液泵，断开如图 3-38 所示电动冷却液泵线束连接器。

（3）使用卡箍钳分别拆卸如图 3-38 所示冷却液泵进、出水管连接卡箍，脱开冷却液泵进、出水管。

（4）使用棘轮扳手拆卸如图 3-39 箭头处所示的电动冷却液泵支架上 2 个固定螺母，取下电动冷却液泵总成。

安装大体按照与拆卸相反的顺序进行，安装完成后添加并检查冷却液。

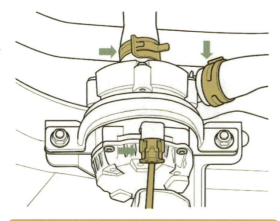

图 3-38　拆卸线束连接器及进出水管

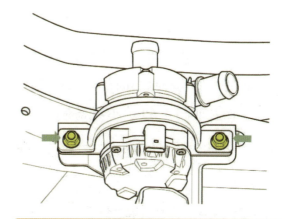

图 3-39　拆卸冷却液泵支架固定螺栓

⒊ 散热器出水管的更换

（1）打开前机舱盖，举升车辆，拆卸前机舱底部护板总成。

（2）使用卡箍钳断开图 3-40 所示散热器出水管卡箍，并断开散热器出水管。

注意：冷却液管路脱开前，在车底放置收集容器，接住冷却液。

（3）断开如图 3-41 所示热交换器与散热器连接水管。

（4）使用卡箍钳松开图 3-42 箭头所指示的冷却液泵与散热器水管的连接卡箍，取下出水管。

图 3-40　拆卸散热器出水管

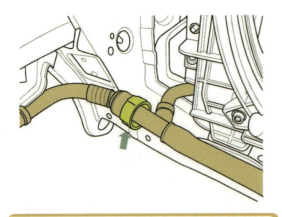

图 3-41　拆卸热交换器与散热器连接水管

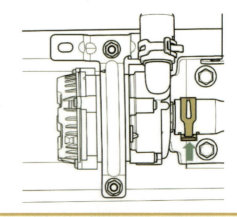

图 3-42　松开卡箍取下出水管

安装大体按照与拆卸相反的顺序进行，安装完成后添加并检查冷却液。

4. 散热器进水管的更换

（1）打开前机舱盖，举升车辆，拆卸前机舱底部护板总成。

（2）使用专用环箍钳断开图 3-43 所示散热器进水管环箍，并断开散热器进水管。

（3）松开如图 3-44 所示散热器进水管卡箍，取出散热器进水管总成，

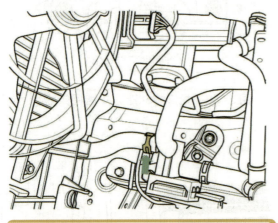

图 3-43　断开散热器进水管环箍

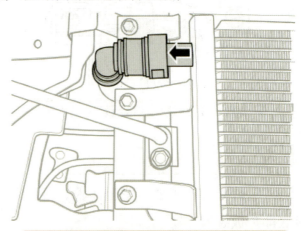

图 3-44　松开散热器进水管卡箍

安装大体按照与拆卸相反的顺序进行，安装完成后添加并检查冷却液。

三、动力电池热管理系统故障检修

这里以电动水泵不工作故障为例介绍热管理系统故障检修。电动水泵电路如图 3-45 所示。

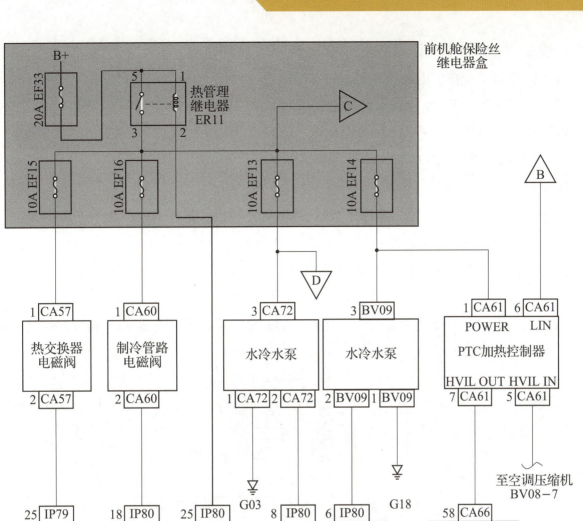

图 3-45　电动水泵电路

步骤 1：使用故障诊断仪读取故障代码。

（1）操作启动开关使电源模式至 ON 状态。

（2）连接故障诊断仪，读取系统故障代码。

（3）确认系统是否存在故障代码。

如果存在故障代码则优先排除故障代码指示故障；否则进入步骤 2。

步骤 2：检查整车控制器保险丝 EF13

（1）操作启动开关使电源模式至 OFF 状态。

（2）拔下保险丝 EF13 检查保险丝是否熔断。

保险丝额定容量：10 A。

如果保险丝存在熔断，则检修保险丝线路，更换额定容量保险丝；否则进入步骤 3。

步骤3：检查整车控制器保险丝EF09、SF08。

（1）操作启动开关使电源模式至OFF状态。

（2）拔下保险丝EF09检查保险丝是否熔断。

保险丝额定容量：10 A。

（3）拔下保险丝SF08检查保险丝是否熔断。

保险丝额定容量：40 A。

如果保险丝存在熔断，则检修保险丝线路，更换额定容量保险丝；否则进入步骤4。

步骤4：检查加热水泵电源。

（1）操作启动开关使电源模式至OFF状态。

（2）断开加热水泵线束连接器CA72，图3-46所示。

（3）用万用表测量加热水泵线束连接器CA72的3号端子（图3-46）与可靠接地之间的电压。电压标准值：11~14 V。

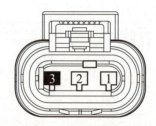

图3-46　加热水泵线束连接器CA72的3号端子

（4）确认故障是否排除。

如果存在故障，则修理或更换线束；否则进入步骤5。

步骤5：检查加热水泵接地之间的电压。

（1）操作启动开关使电源模式至OFF状态。

（2）断开加热水泵线束连接器CA72。

（3）操作启动开关使电源模式至ON状态。

（4）用万用表测量加热水泵线束连接器CA72的1号端子（图3-47）与可靠接地之间的电阻。电阻标准值：小于1Ω。

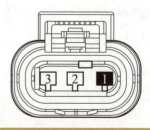

图3-47　加热水泵线束连接器CA72的1号端子

（5）确认测量值是否符合标准。

如果测量值不符合标准，则修理或更换线束；否则进入步骤6。

步骤6：检查电动水泵控制线路。

（1）操作启动开关使电源模式至 OFF 状态。

（2）断开加热水泵线束连接器 CA72。

（3）断开空调控制器线束连接器 IP80。

（4）操作启动开关使电源模式至 ON 状态。

（5）用引线将整车控制器线束连接器 CA72 的 2 号端子与空调控制器线束连接器 IP80 的 8 号端子之间的电压，如图 3-48 所示。

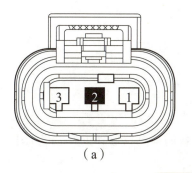
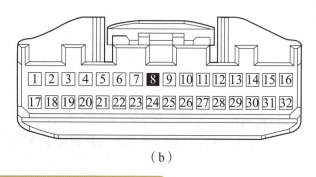

（a）　　　　　　　　　　　　　（b）

图 3-48　水泵控制电路测量

（a）加热水泵线束连接器 CA72 的 2 号端子；（b）空调控制器线束连接器 IP80 的 8 号端子

电压标准值：11~14 V。确认测量值是否符合标准。

如果电压不符合标准值，则修理或更换线束；否则进入步骤7。

步骤7：更换加热水泵。

（1）操作启动开关使电源模式至 OFF 状态。

（2）断开蓄电池负极电缆。

（3）更换电动水泵。

（4）确认故障是否排除。

如果存在故障，则更换空调控制器。诊断结束。

动力电池热管理系统故障检修工作页

姓名		班级	
实训器材			

一、信息收集

（1）电动汽车冷却系统由_____、_____、接头件、_____、其他附件等部分组成。

（2）根据冷却介质的不同，冷却系统通常可分为_____、_____和_____3种冷却方式。除此之外，冷却系统常常分为_____和_____两种形式。

（3）液体冷却介质起到的作用只是一种_____，即将动力电池产生的_____传递到液体中，液体温度_____，再经过_____将热量排放出去。

（4）电动汽车动力电池采用空气冷却的优点是_____，缺点是_____；液体冷却的优点是_____，缺点是_____。

（5）请采用流程图概括出电动汽车冷却液更换流程。

二、计划制订

根据任务需要在表1中填入动力电池热管理系统故障检修需要准备的检测仪器和工具。将工作计划填入表2中。

表1　检测工具和仪器

序号	仪器、工具名称	数量	清点情况
			□已清点 □未清点
			□已清点 □未清点
			□已清点 □未清点
			□已清点 □未清点

表2　工作计划

序号	步骤	操作方法及说明	质量标准与记录

三、计划实施

检查项目	详情	记录结果
冷却液液位检查	打开前机舱盖，找到动力电池系统膨胀罐，检查膨胀罐内冷却液液位	液位＿＿＿＿
冷却液的更换	打开膨胀罐冷却液加注口盖	□规范 □不合格
	举升车辆，断开散热器出水管，使用容器收集排放出的冷却液；排放完毕后连接散热器出水管	□规范 □不合格
	使用诊断仪进入加注初始化状态	□完成 □未完成
	打开膨胀罐加注盖，缓慢加注冷却液，直至膨胀罐内冷却液达到 80% 左右，且液位不再下降	□规范 □不合格
	进行冷却系统排气操作	□规范 □不合格
	观察膨胀罐内冷却液是否下降，如下降则及时补充冷却液，确保冷却液液位处于"F"和"L"之间	□完成 □未完成
	拧紧膨胀罐加注盖，使用诊断仪将车辆恢复默认模式	□完成 □未完成
电动冷却液泵更换	打开前机舱盖，打开蓄电池负极电缆保护盖，拆卸蓄电池负极电缆固定螺母，断开蓄电池负极电缆	□完成 □未完成
	断开电动冷却液泵线束连接器	□完成 □未完成
	使用卡箍钳分别拆卸冷却液泵进、出水管连接卡箍，脱开冷却液泵进、出水管	□完成 □未完成
	使用棘轮扳手拆卸电动冷却液泵支架上 2 个固定螺母，取下电动冷却液泵总成	□完成 □未完成
散热器出水管更换	打开前机舱盖，安装翼子板垫，举升车辆，拆卸前机舱底部护板总成	□完成 □未完成
	使用卡箍钳断开散热器出水管卡箍，并断开散热器出水管	□完成 □未完成
	断开热交换器与散热器连接水管	□完成 □未完成
	使用卡箍钳松开冷却液泵与散热器水管的连接卡箍，取下出水管	□完成 □未完成
散热器进水管更换	打开前机舱盖，安装翼子板垫，举升车辆，拆卸前机舱底部护板总成	□完成 □未完成
	使用专用环箍钳断开散热器进水管环箍，并断开散热器进水管	□完成 □未完成
	松开散热器进水管卡箍，取出散热器进水管总成	□完成 □未完成

 **任务评价**

考核评分细则

序号	评分项	得分条件	分值	评分要求	自评	互评	师评
1	安全 / "5S" 意识	□ 1. 能正确进行工位"5S"操作 □ 2. 能确认设备工具是否正常 □ 3. 能正确固定车辆 □ 4. 能进行工具清洁、校准、存放操作 □ 5. 能进行三不落操作	15	未完成1项扣3分	□熟练 □一般 □不熟练	□熟练 □一般 □不熟练	□优秀 □合格 □不合格
2	专业技能能力	□ 1. 能正确进行冷却液液位检查与更换操作 □ 2. 能正确进行电动冷却液泵更换操作 □ 3. 能正确进行散热器进出水管的更换操作	60	未完成1项扣20分	□熟练 □一般 □不熟练	□熟练 □一般 □不熟练	□优秀 □合格 □不合格
3	资料信息查询能力	□ 能正确使用维修手册查询相关车型动力电池冷却系统维修相关资料（冷却液型号、用量、固定扭矩等）	20	未完成1项扣20分	□熟练 □一般 □不熟练	□熟练 □一般 □不熟练	□优秀 □合格 □不合格
4	表单填写与报告的撰写能力	□ 1. 字迹清晰 □ 2. 语句通顺 □ 3. 无错别字 □ 4. 无涂改 □ 5. 无抄袭	5	未完成1项扣1分	□熟练 □一般 □不熟练	□熟练 □一般 □不熟练	□优秀 □合格 □不合格
总分：							

任务拓展

　　动力电池热失控有可能是哪些原因造成的？有什么危害？我们应该如何尽量去避免这些情况的发生，请您思考并查阅资料后，回答以上问题。

任务三　动力电池故障检修

任务引入

　　一辆新能源电动汽车在行驶途中，车主发现车辆动力明显下降，并且仪表盘上显示出以下图标："▣"，车辆被拖车拖至 4S 店进行维修。作为 4S 店的维修技师，在接到这个任务后你应该如何进行检测与维修呢？

任务分析

　　出现上述图标表示单体电池电压不足以支撑电动汽车整车高压部件工作，因此必须要将多个单体电池进行串联或采用串并联混合式连接组成电池模组，再将多个电池模组串联，并加入辅助元件组成动力电池包，如图 3-49 所示。动力电池包有三种组成方式：串联、并联、先串后并或先并后串。

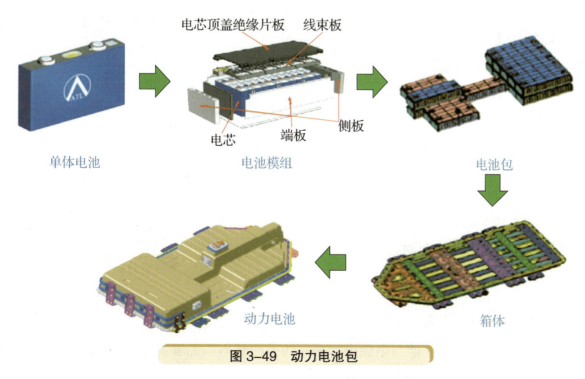

图 3-49　动力电池包

吉利帝豪 EV300 采用的三元锂离子动力电池由宁德时代生产。动力电池内部共有 17 个模组，其中单体电池 1 并 5 串模组 7 个；1 并 6 串模组共 10 个；电池控制器位于动力电池的中间位置。

动力电池出现故障会导致整车无法行驶，仪表板动力电池故障指示灯点亮，此时需要对动力电池进行检测以确定动力电池故障，需要对动力电池进行拆检。

 知识储备

一、动力电池单体结构原理

I. 电池的分类

按照电池的能量来源不同，可以将电池分为化学电池、物理电池、生物电池三大类，如图 3-50 所示。其中，化学电池是利用物质的化学反应发电的电池；物理电池是利用光、热、物理吸附等物理能量发电的电池；生物电池是利用生物化学反应发电的电池。

后文要介绍的电池都是二次电池，二次电池即蓄电池。二次电池的特征是电池放电后可用充电方法使活性物质恢复到放电前的状态，从而能够再次放电，其充、放电过程能重复。

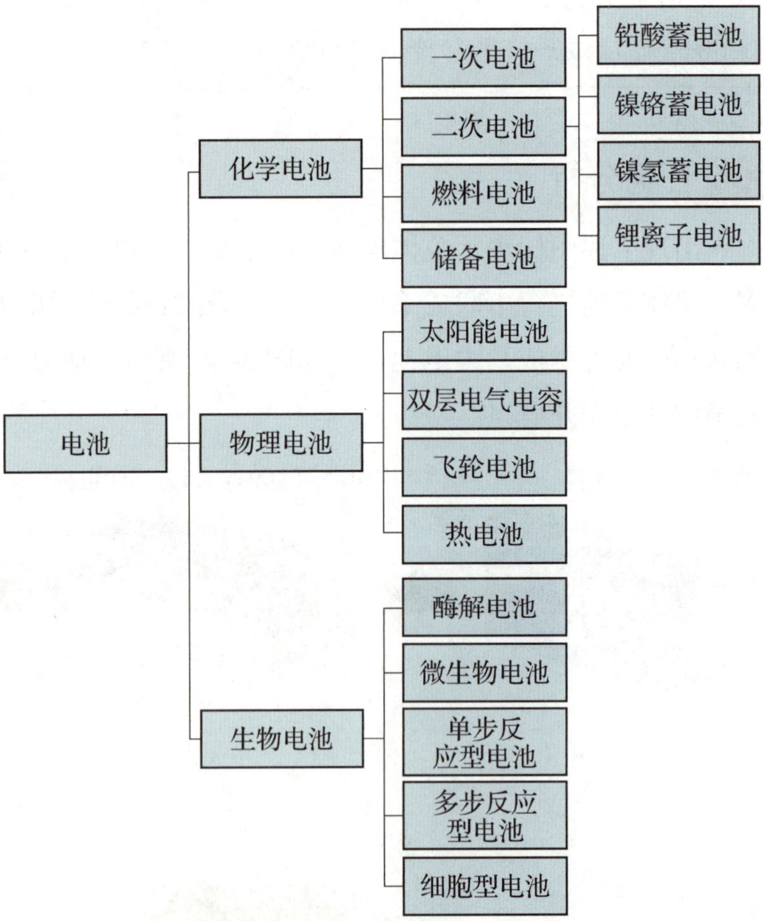

2. 动力电池的定义

动力电池是为电动汽车动力系统提供能量的蓄电池。

图 3-50　电池的分类

3. 电池系统的结构

（1）单体电池：将化学能与电能进行相互转换的基本单元装置，也称作电芯，通常包括电极、隔膜、电解质、外壳和端子，并被设计成可充电。

（2）电池模块：将两个及以上单体电池按照串联、并联或串并联方式组合作为电源使用的组合体，也称作电池组。

（3）动力电池箱：用于盛装电池组、BMS以及相应的辅助元器件，并包含机械连接、电气连接、防护等功能的总成，又称为蓄电池箱。

（4）动力电池包：通常包括电池组、BMS、电池箱及相应附件（冷却部件、连接线缆等），具有从外部获得电能并可对外输出电能的单元。

（5）电池管理系统：监视蓄电池的状态（温度、电压、荷电状态等），可以为蓄电池提供通信、安全、单体蓄电池均衡及管理控制，并提供与应用设备通信接口的系统。

（6）蓄电池系统：一个或一个以上蓄电池包及相应附件（管理系统、高压电路、低压电路、热管理设备及机械总成等）构成的能量存储装置。

二、动力电池组结构原理

I. 磷酸铁锂离子电池

磷酸铁锂离子电池的单体标称电压为 3.2 V，充电截止电压为 3.60~3.65 V，放电截止电压为 2.5 V，最大持续放电倍率为 3C。

其单体如图 3-51 所示，内部结构如图 3-52 所示。

图 3-51　磷酸铁锂离子电池单体

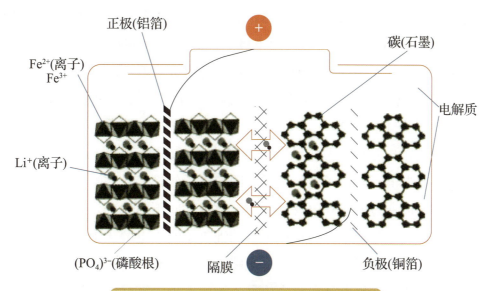

图 3-52　磷酸铁锂离子电池内部结构

磷酸铁锂离子电池正极由橄榄石结构的 $LiFePO_4$ 组成，负极由石墨组成，中间是聚烯烃 PP/PE/PP 隔膜，用于隔离正极和负极、阻止电子而允许锂离子通过。在充、放电的过程中，磷酸铁锂离子蓄电池正极的离子、电子得失如下：

充电：$LiFePO_4-xLi^+-xe^- \xrightarrow{充电} xFePO_4+（1-x）LiFePO_4$

放电：$FePO_4+xLi^++xe^- \xrightarrow{放电} xLiFePO_4+（1-x）FePO_4$

充电时，锂离子从正极脱嵌经过电解质进入负极，同时电子从外电路由正极向负极移动，以保证正、负极的电荷平衡；放电时，锂离子从负极脱嵌，经过电解质嵌入正极。

充电过程中，磷酸铁锂中的部分锂离子脱出，经电解质传递到负极，嵌入负极碳材料；同时从正极释放出电子，自外电路到达负极，维持化学反应的平衡。放电过程中，锂离子自负极脱出，经电解质到达正极，同时负极释放电子，自外电路到达正极，为外界提供能量。

2. 三元锂离子电池

常用的三元锂离子电池有镍钴锰（$LiNi_xCo_yMn_zO_2$，NCM）三元锂离子电池和镍钴铝（$LiNi_xCo_yAl_zO_2$，NCA）三元锂离子电池。其中，镍元素起到提升电池能量密度的作用；钴元素能提高材料的放电容量，且能稳定蓄电池材料结构。NCA三元锂离子电池中的铝元素能帮助提高电池的稳定性，还可以帮助提升镍含量，使电池具有更高的能量密度；然而，NCA三元锂离子电池的晶体结构不稳定，容易在较高温度下发生崩塌导致热失控。NCM三元锂离子电池中的锰元素能帮助提高充、放电过程中蓄电池的稳定性。相较而言，NCM三元锂离子电池的续航能力比不上NCA三元锂离子电池，但是更为稳定和安全。考虑到电池的安全性和稳定性，大多数蓄电池厂商采用NCM三元锂离子电池。

通常所说的三元锂离子电池是指正极材料使用镍钴锰酸钾（$LiNi_xCo_yMn_zO_2$）三元正极材料的锂离子电池。三元复合正极材料前驱体产品以镍盐、钴盐、锰盐为原料，里面镍钴锰的比例可以根据实际需要调整，三元材料做正极的锂离子电池相对于钴酸锂离子电池安全性高。三元锂离子电池在低温条件下表现更好，不容易出现降低续航里程的情况，而且能量密度比磷酸铁锂离子电池高，在同样的体积下电容量更大。三元锂离子电池单体标称电压为3.6 V，充电截止电压为4.20~4.25 V，放电截止电压为2.75 V，最大持续放电倍率为1C。

镍钴锰三元锂离子电池的充放电依赖于锂离子在正负极间的浓度差。在充放电过程中，由于隔膜本身是不导电的，阻碍了正、负极之间的电子传输，导致电子只能通过外电路进行流动，而锂离子却可以通过隔膜和电解液在正、负极之间不断地嵌入和脱出，从而实现能量的转移。在外部电源充电过程中，从正极脱落的锂离子进入电解质中，在充电器附加的外电场作用下通过隔膜运动到负极，与通过外部电路运动到负极的电子相结合，正极脱离的锂离子越多，充电容量就越高；放电过程与之相反，正、负极一直交替处于富锂态和贫锂态。其化学表达式如下所示。

放电时：

正极反应：$LiMO_{1-x}+xLi^++xe^- \rightarrow LiMO_m$

负极反应：$Li_xC_n \rightarrow xLi^++xe^-+C_n$

充电时：

正极反应：$LiMO_m \rightarrow LiMO_{1-x} + xLi^+ + xe^-$

负极反应：$xLi^+ + xe^- + C_n \rightarrow Li_xC_n$

总反应：

电池放电反应：$LiMO_{1-x} + Li_xC_n \rightarrow LiMO_m + C_n$

电池充电反应：$LiMO_m + C_n \rightarrow LiMO_{1-x} + Li_xC_n$

以上反应式中，M 为 Co、Ni、Mn。

三、单体电池的标识及其含义

1. 单体电池标识的组成

单体电池的标识上一般含有产品名称、产品型号、标称电压、标称能量、标称容量、生产厂家、充电电压等。

2. 锂离子电池标识识别

根据 IEC 61960 标准，锂离子电池标识为 3 个字母后跟 5 位数字（圆柱形）或 6 位数字（方形）。锂离子电池标识的含义如下：

（1）第 1 个字母表示电池的负极材料：I 代表锂离子；L 代表锂金属或锂合金。

（2）第 2 个字母表示电池的正极材料：C 为基于钴的电极；N 为基于镍的电极；M 为基于锰的电极；V 为基于钒的电极。

（3）第 3 个字母表示电池的形状：R 表示圆柱形电池；P 表示方形电池。

（4）数字：圆柱形电池型号用 5 位数字表示，分别表示电池的直径和高度，前两位表示直径，第三、四位表示高度，单位为 mm，直径或高度任一尺寸大于或等于 100 mm 时，两个尺寸之间应加一条斜线。第五位数字 0 表示圆柱形。常见的型号：18650、26650、32650、38650、46800。示例：18650B 电池，18 代表电池的直径为 18 mm、65 代表电池的高度为 65 mm、0 代表圆柱形电池、B 代表 B 品电池。

方形电池型号用 6 位数字表示，前两位表示电池的厚度；中间两位表示电池的宽度；最后两位表示高度，单位为 mm。3 个尺寸任意一个大于或等于 100 mm 时，尺寸之间应加斜线；3 个尺寸中若有任意一个小于 1 mm，则在此尺寸前加字母 t，此尺寸单位为 0.1 mm。

示例：方形电池 623450 AR/AL，62 代表电池的厚度为 62 mm；34 代表电池的宽度为 34 mm；50 代表电池的高度为 50 mm；A 代表 A 品电池；R 代表圆角电池；L 代表直角电池。

部分锂离子电池标识及其含义见表 3-4。

表 3-4　部分锂离子电池标识及其含义

标识	含义		
ICR18650	表示一个圆柱形二次锂离子电池	正极材料为钴	直径约 18mm，高约 65mm
ICP083448	表示一个方形二次锂离子电池	正极材料为钴	厚约 8mm，宽约 34mm，高约 48mm
ICP08/34/150	表示一个方形二次锂离子电池	正极材料为钴	厚约 8mm，宽约 34mm，高约 150 mm
ICPt73448	表示一个方形二次锂离子电池	正极材料为钴	厚约 0.7mm，宽约 34mm，高约 48mm

任务实施

一、动力电池组拆卸

以吉利帝豪 EV450 为例讲解动力电池组拆卸。

（1）打开前机舱罩，断开蓄电池负极电缆。

（2）断开直流母线（充电机侧）。

①拆卸动力线束中的盖板。

②断开充电机侧直流母线总成线束连接器，如图 3-53 所示。

③静置 5 min 后，按照图 3-54 所示的方法使用万用表测量直流母线电压。母线电压低于 36 V 方可进行后续步骤。

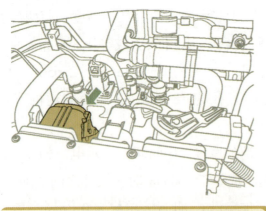
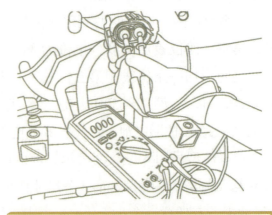

图 3-53　断开充电机侧直流母线连接器　　　图 3-54　使用万用表检测直流母线电压

（3）排放动力电池冷却液。

①打开电机冷却液膨胀箱盖，如图 3-55 所示。

②使用环箍钳脱开冷却液泵总成（电机控制器）进水管卡箍（如图 3-56），并脱开进水管，用回收容器接收放出的冷却液。

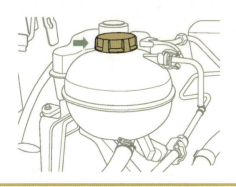

图 3-55 打开电机冷却液膨胀箱盖

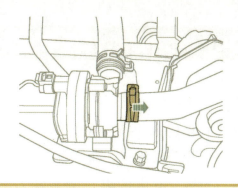

图 3-56 脱开进水管卡箍

（4）拆卸动力电池。

①置入平台车，使用平台车支撑动力电池，如图 3-57 所示。

②参照图 3-58 分别进行如下操作：拆卸动力电池搭铁线固定螺栓，断开动力电池搭铁线；断开动力电池与前机舱线束的两个连接器；断开动力电池两个高压线束连接器。

图 3-57 支撑动力电池

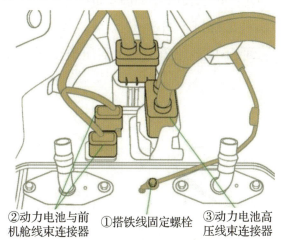

②动力电池与前机舱线束连接器　①搭铁线固定螺栓　③动力电池高压线束连接器

图 3-58 拆卸动力电池连接线

③如图 3-59 所示，拆卸动力电池总成后部 3 颗固定螺栓。

④如图 3-60 所示，拆卸动力电池总成底部 18 颗固定螺栓。

⑤缓慢下降平台车，取出动力电池总成。

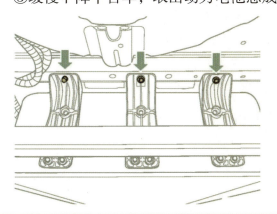

图 3-59 拆卸动力电池总成后部 3 颗固定螺栓

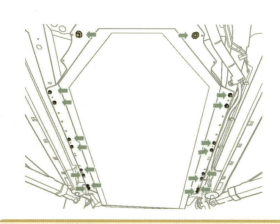

图 3-60 拆卸动力电池总成底部 18 颗固定螺栓

二、动力电池开箱与密封

1. 开箱

吉利帝豪 EV350/450/500 开箱步骤如下：

（1）打开前机舱罩，断开蓄电池负极电缆，断开直流母线（充电机侧），排放动力电池冷却液，拆卸动力电池总成。

（2）拆卸前部密封压板 7 个固定螺栓（图 3-61），取下前部密封压板。

（3）拆卸动力电池箱盖。

①拆卸上盖压条 50 颗 M6×25 内六角花形 T30 圆柱形螺钉（图 3-62）。

②取下电池箱盖上的上盖压条（图 3-63）。

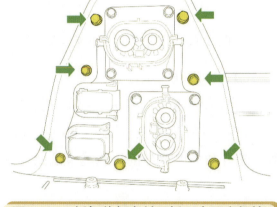

图 3-61　拆卸前部密封压板 7 个固定螺栓

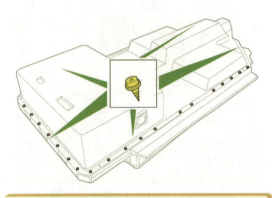

图 3-62　拆卸上盖压条 50 颗螺钉

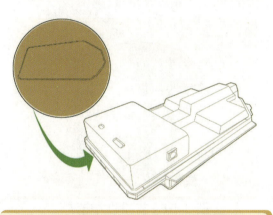

图 3-63　取下电池箱盖上的上盖压条

③取下动力电池箱盖（图 3-64）。

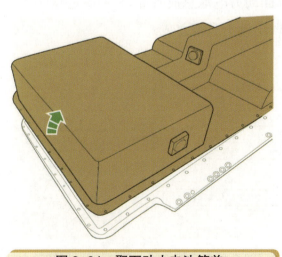

图 3-64　取下动力电池箱盖

2. 密封

安装顺序可按开箱的相反顺序进行。最后密封过程中胶枪与密封胶配合使用。密封胶涂打箱体一圈，禁止留有间断部位。

安装完成后需要做气密性检测。做气密性检测时，要求使用专业工具（接插件保护罩）堵塞高压/低压线束接口。具体步骤如下：

（1）使用防爆阀工装堵塞防爆阀孔位，使用专业工具安装前部接插件保护罩；

（2）使用 3.5 kPa 气压给电池箱充气，充气时间 450 s，气压达 2.5~3.0 kPa；

（3）稳压持续 60 s，检测电池箱内气压为 2.5~3.0 kPa；

（4）测电池箱内的泄漏率 60 s：流量 <20 cc/min，压力 <100 Pa/min。

三、动力电池电流传感器更换

（1）打开前机舱罩，断开蓄电池负极电缆，断开直流母线（充电机侧），排放动力电池冷却液，拆卸动力电池总成。

（2）拆卸动力电池箱盖。

（3）拆卸熔断器。

①拆卸熔断器罩盖（图 3-65）。

②拆卸熔断器的 2 颗固定螺栓（图 3-66），取下熔断器。注意：用绝缘胶布包扎软铜巴线束接头，防止相互触碰。

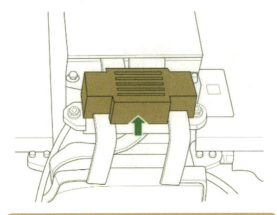

图 3-65　拆卸熔断器罩盖

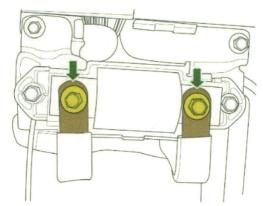

图 3-66　拆卸熔断器的 2 颗固定螺栓

（4）拆卸电流传感器。

①拆卸高压盒上端盖 4 颗固定螺钉（图 3-67）。

②断开电流传感器线束连接器（图 3-68）。

③拆卸电流传感器的 2 颗固定螺栓（图 3-69），取下电流传感器。

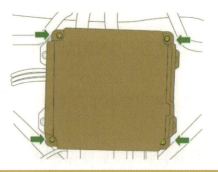

图 3-67 拆卸高压盒上端盖 4 颗固定螺钉

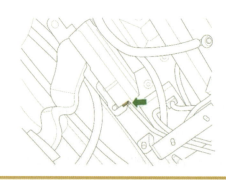

图 3-68 断开电流传感器线束连接器

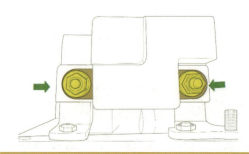

图 3-69 拆卸电流传感器的 2 颗固定螺栓

动力电池电流传感器的安装可按与拆卸相反的顺序进行。

四、动力电池模组更换

这里以吉利帝豪电动汽车 M13 电池模组拆装为例说明前部底层电池模组的拆装步骤。吉利帝豪电动汽车 M13 电池模组位置如图 3-70 所示。

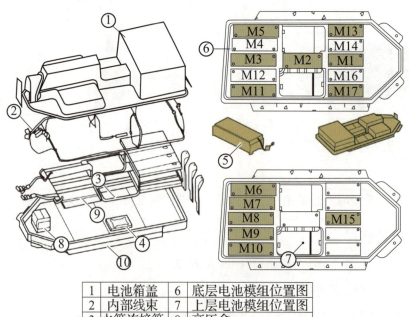

1	电池箱盖	6	底层电池模组位置图
2	内部线束	7	上层电池模组位置图
3	水管连接管	8	高压盒
4	BMS	9	水冷板
5	电池模组	10	电池包底板

图 3-70 吉利帝豪电动汽车 M13 电池模组位置

拆卸步骤如下：

（1）打开前机舱罩，断开蓄电池负极电缆，断开直流母线（充电机侧），排放动力电池冷却液。

（2）拆卸动力电池总成，拆卸动力电池箱盖。

（3）拆卸熔断器，拆卸熔断器盒，拆卸软铜巴支架。

（4）拆卸 M15 电池模组。

①断开 M15 电池模组的线束连接器（图 3-71）。

②拆卸电池模组前部固定支架的 2 颗固定螺栓（图 3-72），取下固定支架后取下电池模组。

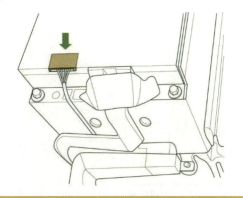

图 3-71　M15 电池模组线束连接器　　　　图 3-72　电池模组前部固定支架的 2 颗固定螺栓

（5）拆卸 M15 水冷板。

①断开 M15 电池模组水冷板前部与水管连接的卡扣（图 3-73）。

②断开 M15 电池模组水冷板后部与水管连接的卡扣（图 3-74），取下 M15 电池模组水冷板。

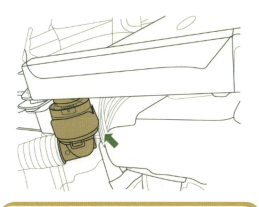

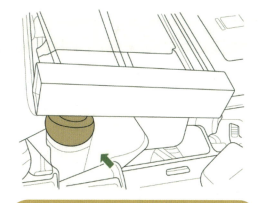

图 3-73　断开 M15 电池模组水冷板前部　　　图 3-74　断开 M15 电池模组水冷板后
　　　　　与水管连接的卡扣　　　　　　　　　　　　部与水管连接的卡扣

（6）拆卸前部底层电池模组（以 M13 电池模组为例说明）

①断开 M13 电池模组的线束连接器（图 3-75）。

②拆卸电池模组前部的 3 颗固定螺栓（图 3-76），取下固定支架。

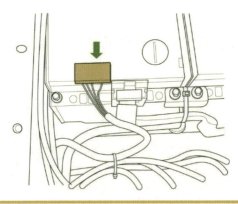

图 3-75　断开 M13 电池模组的线束连接器

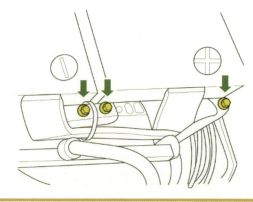

图 3-76　拆卸电池模组前部的 3 颗固定螺栓

③拆卸电池模组后部的 3 颗固定螺栓（图 3-77），取下固定支架后取下 M13 电池模组。

前部底层电池模组安装可按与拆卸相反的顺序进行。

注意：在安装电池模组水冷板后需做气密性检测。操作步骤如下：

①使用水冷管工装，堵塞水冷管口，检测水冷管气密性。

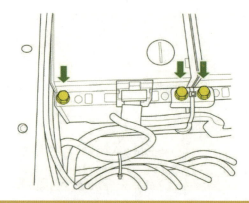

图 3-77　拆卸电池模组后部的 3 颗固定螺栓

②使用 355 kPa 气压给水冷管充气，重启时间 40 s，气压范围 350~360 kPa。

③稳压持续 120 s，检测水冷系统气压，范围 350~360 kPa。

④测试时间 60 s，范围 –75~75 Pa。

⑤排气 3 s。

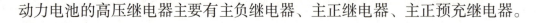

五、动力电池高压接触器、预充电阻的更换

动力电池的高压继电器主要有主负继电器、主正继电器、主正预充继电器。

1. 主负继电器的更换

（1）打开前机舱罩，断开蓄电池负极电缆，断开直流母线（充电机侧），排放动力电池冷却液。

（2）拆卸动力电池总成。

（3）拆卸动力电池箱盖。

（4）拆卸熔断器。

（5）继电器上端盖固定螺钉、继电器两侧软铜巴和固定螺栓。

①拆卸继电器上端盖 4 颗固定螺钉（图 3-78）。

②拆卸继电器两侧 6 根软铜巴的 6 颗固定螺栓（图 3-79）。用绝缘胶布包扎线束插头，

防止相互触碰。

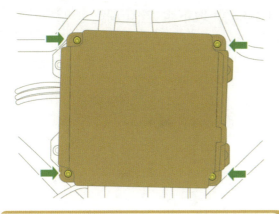

图 3-78　拆卸继电器上端盖 4 颗固定螺钉

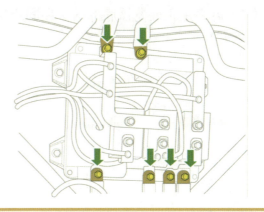

图 3-79　拆卸继电器软铜巴的 6 颗固定螺栓

（6）拆卸电池模组一侧硬铜巴 1 个固定螺栓并取下硬铜巴（图 3-80）。拆卸另一侧硬铜巴的 1 个固定螺栓并取下硬铜巴（图 3-81）。

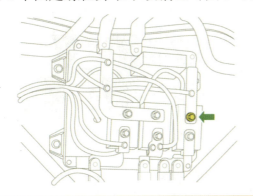

图 3-80　拆卸电池模组一侧硬铜巴固定螺栓

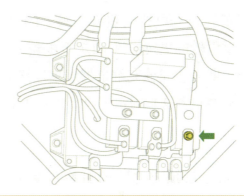

图 3-81　拆卸另一侧硬铜巴固定螺栓

（7）拆卸主负继电器底部的 2 颗固定螺栓（图 3-82），取下主负继电器。

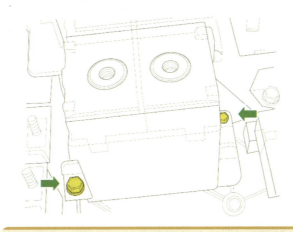

图 3-82　拆卸主负继电器底部的 2 颗固定螺栓

2.　主正继电器的更换

主正继电器的更换步骤（1）至步骤（5）与主负继电器的更换步骤（1）至步骤（5）相同。

（6）拆卸主正继电器硬铜巴的3颗固定螺栓（图3-83），取下硬铜巴。

（7）拆卸主正继电器底部的2颗固定螺栓（图3-84），取下主正继电器。

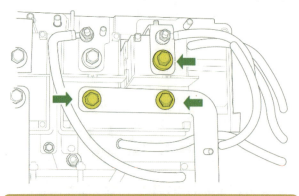

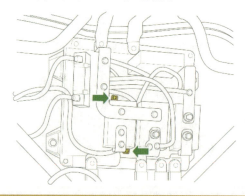

图3-83　拆卸主正继电器硬铜巴的3颗固定螺栓　　图3-84　拆卸主正继电器底部的2颗固定螺栓

3. 主正预充继电器的更换

主正预充继电器的更换步骤（1）至步骤（5）与主负继电器的更换步骤（1）至步骤（5）相同。

（6）断开主正预充继电器线束连接器①，拆卸主正预充继电器2颗固定螺栓②（图3-85）。

4. 快充主正预充电阻的更换

快充主正预充电阻的更换步骤（1）至步骤（5）与主负继电器的更换步骤（1）至步骤（5）相同。

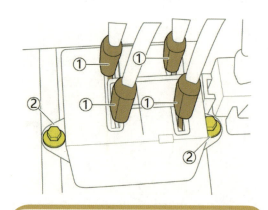

图3-85　主正预充继电器线束连接器①
和2颗固定螺栓②

（6）拆卸快充主正继电器安装支架2颗固定螺栓（图3-86）。

（7）断开电阻上2个线束连接器①，在高压盒背面拆卸电阻上2个扎带②，取下主正预充电阻（图3-87）。

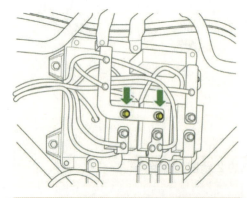

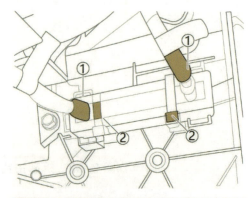

图3-86　拆卸快充主正继电器安装支架
的2颗固定螺栓

图3-87　断开电阻上2个线束连接器①
和2个扎带②

动力电池故障检修工作页

姓名		班级	
实训器材			

一、信息收集

（1）按照电池的能量来源不同，可以将电池分为＿＿＿＿＿、＿＿＿＿＿、＿＿＿＿＿三大类。

（2）动力电池的定义是：＿＿＿＿＿＿＿＿＿＿＿＿＿＿＿＿＿＿＿＿＿＿＿＿＿＿＿＿。

（3）单体电池的标识上一般含有产品名称、产品型号、标称＿＿＿＿＿、标称＿＿＿＿＿、标称＿＿＿＿＿、生产厂家、充电电压等。

（4）动力电池包有三种组成方式：＿＿＿＿＿＿、＿＿＿＿＿、＿＿＿＿＿。

（5）18650B 电池，18 代表电池的＿＿＿＿＿＿为 18 mm、65 代表电池的＿＿＿＿＿为 65 mm、0 代表＿＿＿＿＿、B 代表 B 品电池。

（6）请用流程图概括出动力电池电流传感器更换流程。

二、计划制订

根据任务需要在表 1 中填入动力电池故障检修需要准备的检测仪器和工具，将工作计划填入表 2 中。

表 1　检测工具和仪器

序号	仪器、工具名称	数量	清点情况
			□已清点 □未清点
			□已清点 □未清点
			□已清点 □未清点
			□已清点 □未清点

表 2　工作计划

序号	步骤	操作方法及说明	质量标准与记录

三、计划实施

检查项目	详情	记录结果
动力电池拆卸	高压断电、验电	□规范 □不合格
	排放冷却液	□规范 □不合格
	举升车辆，使用平台车支撑动力电池	□规范 □不合格
	拆卸动力电池搭铁线固定螺栓，断开动力电池搭铁线；断开动力电池高低压线束连接器	□完成 □未完成
	使用扭力扳手拆卸动力电池紧固螺栓	□规范 □不合格
	缓慢下降平台车，取出动力电池总成	□规范 □不合格
动力电池开箱、密封	拆卸上盖压条的 50 颗 M6×25 内六角花形 T30 圆柱形螺钉	□完成 □未完成
	取下电池箱盖上的上盖压条	□完成 □未完成
	取下动力电池箱盖	□完成 □未完成
	安装顺序可按开箱的相反顺序进行。最后密封过程中胶枪与密封胶配合使用。密封胶涂打箱体一圈，禁止留有间断部位	□完成 □未完成
	安装完成后需要做气密性检测	□合格 □不合格
电流传感器更换	完成电池开箱步骤	□完成 □未完成
	拆卸熔断器	□完成 □未完成
	拆卸电流传感器	□完成 □未完成
电池模组更换	完成电池开箱步骤	□完成 □未完成
	拆卸熔断器，拆卸熔断器盒，拆卸软铜巴支架	□完成 □未完成
	断开电池模组的线束连接器	□完成 □未完成
	拆卸电池模组前部固定支架的 2 颗固定螺栓，取下固定支架后取下电池模组	□完成 □未完成

任务评价

考核评分细则

序号	评分项	得分条件	分值	评分要求	自评	互评	师评
1	安全 / "5S" 意识	□ 1. 能正确进行工位 "5S" 操作 □ 2. 能确认设备工具是否正常 □ 3. 能正确固定车辆 □ 4. 能进行工具清洁、校准、存放操作 □ 5. 能进行三不落操作	15	未完成1项扣3分	□熟练 □一般 □不熟练	□熟练 □一般 □不熟练	□优秀 □合格 □不合格
2	专业技能能力	□ 1. 能正确进行动力电池的拆卸操作 □ 2. 能正确进行动力电池开箱和密封操作 □ 3. 能正确进行电流传感器的更换操作 □ 4. 能正确进行电池模组的更换操作	60	未完成1项扣15分	□熟练 □一般 □不熟练	□熟练 □一般 □不熟练	□优秀 □合格 □不合格
3	资料信息查询能力	□ 能正确使用维修手册查询相关车型动力电池拆卸、内部更换步骤	20	未完成1项扣20分	□熟练 □一般 □不熟练	□熟练 □一般 □不熟练	□优秀 □合格 □不合格
4	表单填写与报告的撰写能力	□ 1. 字迹清晰 □ 2. 语句通顺 □ 3. 无错别字 □ 4. 无涂改 □ 5. 无抄袭	5	未完成1项扣1分	□熟练 □一般 □不熟练	□熟练 □一般 □不熟练	□优秀 □合格 □不合格
总分:							

任务拓展

　　动力电池单体电池发生故障时，如果无需更换，通常会采用"补电"的方式进行维修，那么，请问你知道如何对其进行"补电"吗？

参 考 文 献

［1］吴海东，袁牧，苏庆列．新能源汽车动力电池及管理系统检修［M］．北京：机械工业出版社，2022．

［2］陈健健，李春鹏，谢军．新能源汽车动力电池及电池管理系统检修［M］．北京：高等教育出版社，2022．

［3］赵建明，高云．新能源汽车使用与安全防护［M］．北京：机械工业出版社，2023．

［4］董括，范真维．新能源汽车构造［M］．北京：人民交通出版社，2024．